嵩山少林拳法编纂委员会（排名不分先后）

顾　问：张耀庭　　门惠丰　　杨　丽（女）　栗胜夫　　爨随堂
　　　　蔡玉建　　冯宏芳（女）　马学智　　李世英　　马延春
　　　　毛玉成　　段全伟　　李艳君（女）　胡秀娟（女）
　　　　王宗仁　　郑光荣　　冯根怀　　郑书敏　　梁松华　　王松伟
　　　　梁继红　　李　菲（女）　陈俊杰　　李劲飞　　郑跃峰
主　任：梁少宗
副主任：常福晓　　张光耀　　周洪多　　李泽飞　　梁毛占
委　员：魏永平　　王德克　　许正伟　　许路明　　王少威　　梁省伟
　　　　马玉春　　张　召　　申卫娜（女）　李小宁（女）

嵩山少林拳法编纂人员（排名不分先后）

主　编：梁少飞
副主编：冯宏鹏　　洪　浩　　张月霜（女）　梁洪勋　　梁洪亮
　　　　刘连祥　　李光捷　　宋　岩　　潘　勇　　王华辉　　王　锐
　　　　冯殿华（女）李立三（女）郭琳琳（女）刘　冰（女）
编　辑：李占国　　刘治国　　杜景涛　　赵　跃　　乔占辉　　李晓东
　　　　马发展　　杨延全　　温书杰　　贾　闯　　屈晓飞　　马洪鹏
　　　　黔利兴　　孙　博　　何　磊　　曹　帅　　曹中宝　　常渊博
　　　　董保南　　潘乐园　　陈延平　　张书明　　刘俊杰　　吴志强
　　　　黄卫华　　姚南坊（女）孟洛川（女）张田田（女）
　　　　程玉凯（女）
摄　影：苏文胜　　陈现红（女）

中国·少林鹅坡教育集团

  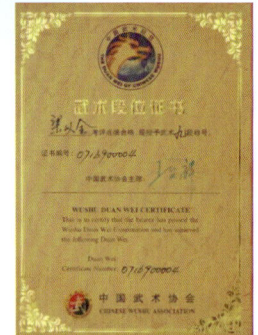
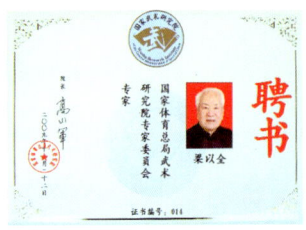 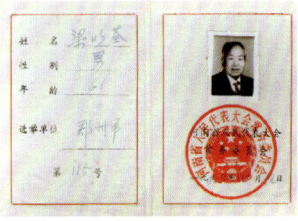 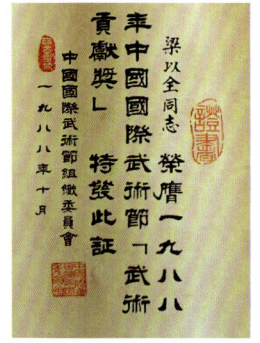
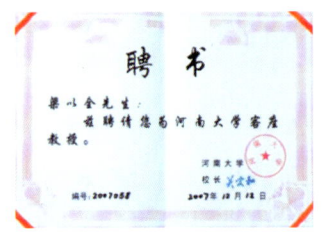 

　　梁以全，法名素一，河南省登封市骆驼崖村人。1931年出生于习武世家，幼承祖训，刻苦好学，坚韧执着，博采众长。精研少林正宗拳械、技击、擒拿、阴阳劲等各种功法，长年练功不辍。为人谦和，乐善好施，已捐善款数百万元资助乡里。

　　他习武修德，为中华武术少林流派代表人物。是国家高级武术教练、中国武术九段、中国当代"十大武术名师"、全国离退休老干部先进个人、全国健康老人、河南省非物质文化遗产传承人，享受国务院特殊津贴。中华人民共和国成立后，他创办了第一所专业武术学校，率先将少林武术带出国门，出访过36个国家和地区，表演、交流、讲学、教授中华少林武术，授武于中外弟子数万名。

　　他笔耕不辍，已出版《嵩山少林拳法》《嵩山少林拳法歌诀集锦》《少林武术研究》等武术专著，在国内外报刊发表过29篇武术专业学术文章，授武育人。他创办了少林鹅坡教育集团，目前在校师生8000余人。该校学生参加国际、国家、省、市武术大赛，荣获奖牌5679枚，考入北京体育大学、上海体育学院、武汉体育学院、天津体育学院、河南大学、郑州大学、洛阳师范学院等高等院校学生2000余名。

　　他历任登封蔡沟乡中心学校校长、登封市体校校长、河南省武术馆副馆长、登封少林寺武术馆副馆长兼总教练、少林拳法研究会主席。现任国家体育总局武术研究院专家委员会专家、河南省武术协会副主席、少林武协名誉主席、北京体育大学名誉顾问、河南大学客座教授等职。

　　他曾多次受到党和国家领导人乔石、李德生、许世友等领导同志的亲切接见。

　　梁以全的三爷爷梁学庠,是梁家另一位奇人,虽自幼习练家传武功,但因家穷却未能读书。他十八岁开始学文,后居然中了黉门秀才。他文武兼备,又开设私塾,门人弟子颇多。梁以全自幼得其亲传,后成为一代儒雅武师,不但武功高强,而且能著书立说,这与他幼时所受的教育是分不开的。

　　梁学庠亲书并手绘插图本武术典籍《易筋经》,至今在梁家珍藏着。

这张珍贵照片中的二位长者，便是梁以全的父母亲。父梁兴绍，幼名海水。海水为人谦和，广交武林朋友，与少林寺妙兴法师和妙聚法师交往颇深。弟子达千余众。1928年被冯玉祥部聘为武术教官。

1963年，参加河南省武术比赛，他以82岁高龄荣获"技艺精湛奖"。

少林宗师名震天下
武术大家气壮山河

梁以全少林一代宗师

乙酉年夏 杨再春

登封少林鹅坡武术专修院　启功题

以全先生正腕　武术世家　启源书

以武育人 以人全书

致少林鹅坡武术专修院师生

习武学文修能
壮我民族复兴

徐才
乙酉年秋

聊以金元一代大師母家宗師事廿五日十天
甲申冬 張耀庭

登封市鵝坡少林武術專修院

少林真傳

蔡龍雲

崇德尚武 文武兼修

鹅坡武院

此系体育类学校题

庚巳年秋月

少林鹅坡武术专修院正门

少林鹅坡武术专修院西门

梁氏少林达摩杖图谱

高山学艺数十载　老师教我如意拐

往上打日月二起　往盲打逆水划流

往前打白虎登山　往后打乌龙摆尾

往左打虎豹难躲　往右打鹰鹞难飞

青年学之是武艺　老年学之当马骑

公元二零零六年秋　梁以全题

嵩山少林拳法 四

少林·鹅坡武术专修院系列教材

梁少飞 主编

河南大学出版社
·郑州·

图书在版编目（CIP）数据

嵩山少林拳法.4 / 梁少飞主编.—郑州：河南大学出版社，2017.9（2020.9重印）

ISBN 978-7-5649-3009-7

Ⅰ．①嵩⋯ Ⅱ．①梁⋯ Ⅲ．①少林拳－教材 Ⅳ．① G852.15

中国版本图书馆CIP数据核字（2017）第229622号

责任编辑 朱春华　孟艺萌
责任校对 柳　涛
封面设计 徐　刚

出　　版	河南大学出版社
	地址：郑州市郑东新区商务外环中华大厦2401号　邮编：450046
	电话：0371-86059750（高等教育与职业教育分社）
	电话：0371-86059701（营销部）　　网址：hupress.henu.edu.cn
排　　版	郑州市今日文教印制有限公司
印　　刷	河南文华印务有限公司
版　　次	2017年9月第1版　　印　次　2020年9月第3次印刷
开　　本	787mm×1092mm　1/16　　印　张　12.5
字　　数	219千字　　插　页　9
定　　价	60.00元

（本书如有印装质量问题，请与河南大学出版社营销部联系调换）

前　言

　　驰名中外的少林武术以其悠久的历史、精湛的技艺、丰富的文化内涵而成为中华武术百花园中一枝璀璨的奇葩。

　　对中国乃至世界武术的发展产生过重大影响的少林武术，因近代军阀混战，少林寺不幸焚于兵火，大量珍贵的资料几乎丧失殆尽。新中国成立后，特别是在改革开放以来，在各级政府的正确领导及社会各界的大力支持下，少林武术又一次焕发出了勃勃生机。近年来，为了培养更多的少林武术后备人才，同时满足广大武术爱好者的需求，我们编写了一套科学、系统的少林武术专业教材，已付梓于世，同时，这也了却了家父梁以全先生一向的夙愿。

　　家父是一位以经史为宗的传道解惑者，更是武功精湛的梁氏拳法第十六代传人。他从20世纪70年代就开始整理家传的武术资料。首先从梁氏武术流派的传承中，通过口传耳闻，翔评珍取；再从残碑断章中条分缕析，数十年如一日，于1982年正式出版了《嵩山少林拳法》，并赢得了少林武术界的一致好评。

　　梁氏家族世代习武尚文，传承少林武术已有700余年的历史。家父秉承祖训，习以教事，长期致力于武术教育和武术人才的培养。他于1978年创立了登封县（今登封市）体委武术队，1981年创办登封县少林武术体校。其后公派到少林寺地区，筹建嵩山少林寺武术馆，任总教练、业务副馆长。在此基础上与北京体育学院（现北京体育大学）创办北京体育学院少林武术专修院。家父60岁又奉命调回登封县体委，创办登封县体委少林武术训练中心。1995年，退休的家父在登封市中岳大街西段创办了少林武术专修院。1997年登封少林武术专修院搬迁到登封市大禹路西段鹅坡岭，改校名为登封市少林鹅坡武术中等专业学校。他为少林武术发展所作出的突出贡献得到了国家和社会各界的广泛认可。家父享受国务院特殊津贴，是国家体育总局武术研究院专家委员会专家，是中国武术九段、武术高级教练。被评为中国当代十大武术名师，国家离退休老干部先进个人，中华武术30年最具影响力人物。还被河南大学等多所高校聘为客座教授。

《嵩山少林拳法》（少林鹅坡武术中等专业学校系列教材）在编写过程中，遵照家父的意见，参阅了《梁氏祖传少林拳谱》《嵩山少林拳法》《少林拳法总讲册集》《体育学院通用教材·武术》以及其它武术论著，并结合多年教学的实际，对原教材进行了升级改版。本套教材共分五册，融少林武术理论与少林武术技术教学为一体。理论方面阐述了少林武术的源流、风格和特点，技术方面展示了少林武术功法、少林拳术与少林器械、少林搏击与摔跤等内容。本套教材内容丰富、图文并茂。既具有系统性与知识性，又具有时代性和可读性。不仅适用于各类武术馆校的武术教学，还为当前的"武术进校园"提供了一套系统而又翔实的少林武术教材。

少林武术源远流长、博大精深，远非一套教材所能涵盖。希望这套教材的出版能对广大少林武术爱好者与研习者起到抛砖引玉的作用。如有不当或错误之处，恳请大家批评指正，以便再版时修订和完善。

编 者

2016年12月1日

目　录

第一章　少林武术概述…………………………………………… 001

第二章　少林双草镰…………………………………………… 007

第三章　双枪…………………………………………………… 021

第四章　九节鞭………………………………………………… 031

第五章　流星锤………………………………………………… 049

　　第一节　流星锤各部位名称及握锤方法………………… 049

　　第二节　流星锤…………………………………………… 050

第六章　达摩杖………………………………………………… 081

第七章　春秋大刀……………………………………………… 099

第八章　月牙铲………………………………………………… 113

第九章　少林三股叉…………………………………………… 133

第十章　六合拳………………………………………………… 149

第十一章　六合棍……………………………………………… 171

第一章 少林武术概述

一、少林武术的渊源

古时候人兽同居。人,飞不如禽,走不如兽。禽兽以爪牙扑人,人以智技制服禽兽。《汉书》云:齐民技击强。荀子云:齐人隆技击。这说明我国很早就有了技击术。北魏孝明帝孝昌三年(公元527年),印度僧人菩提达摩来到中国河南嵩山少林寺,创立佛教禅宗。他不主张用文字传教,而采用"壁观"的办法,静坐修心。他在嵩山五乳峰上的一个天然石洞(原名蚩尤洞,今名达摩洞)中,面壁九年,"寂坐参悟"。由于长期静坐,精神和肉体都不免困倦,而且身居深山密林之中,经常受到毒蛇猛兽的威胁,他便根据山林中虎跃、猴攀、鸟飞、虫爬等动作,并效法我国劳动人民生产和锻炼身体的各种方式,初创了简单的肢体动作,作为健体护身术来研究和练习。有时也随手练练农具、手杖、棍棒等器械。遇到野兽侵袭时,便与之搏斗,这便是达摩铲、达摩杖、少林棍等器械名称的由来。达摩初创的这些简单动作,称不上什么拳术,仅是开创了少林寺僧众健身、防身、养生之先河。

二、少林武术的形成与发展

在历史的长河中,历代僧众依照我国民间流传的健身技击术,吸纳众家拳术之长,兼收并蓄,融会贯通,通过长期演练、创新和总结,使少林武术得以形成和发展。特别是在隋末唐初,隋将王世充盘踞洛阳称王,与唐高祖对抗,直接阻碍了唐王朝的统一。唐高祖李渊带兵征伐失利,其子李世民被掳入洛阳。高祖书约少林寺僧助战。寺僧应诏参战,击败王世充,生擒他的侄子王仁则于柏谷庄。僧兵中立功者13人,其中昙宗和尚被封为大将军。李世民继位后,赠寺田40顷,盖殿宇僧房2000余间,使寺院面积扩大到540亩,僧众达2000余人,并允许寺内建立兵营,训练僧兵。少林寺达到了极盛时期,被誉为"天下第一名刹"。

少林寺养僧兵后,僧众习武就直接与实战联系起来了,这为少林武术的发展,提供了非常有利的条件。为了提高实战能力,寺僧们不仅练拳术、器械,

而且加强了实战技能和马步战术的演练，还经常邀请各地武术名家入寺切磋传艺。如宋朝，曾先后吸纳了宋太祖赵匡胤的太祖长拳、韩通的通背拳、马藉的短打等十八家拳法的精华，汇成拳谱，流传后世。又如金元时期的觉远和尚，出家到少林寺后，感到寺内武艺不佳，便携资西出，访师于陕西及甘肃兰州，聘请名师李叟、白玉锋入寺传授武艺。李叟传大洪拳、小洪拳、擒拿术，白玉锋传气功及龙拳、虎拳、豹拳、蛇拳、鹤拳等。再如明代抗倭名将俞大猷，曾入寺传授临阵实用的棍术。同时，少林武术交流活动的开展，使其在全国各地广为流传。少林武术与诸家流派取长补短，互相交流促进。经过历代演练和总结，少林武术的内容逐渐丰富起来，少林寺即成为全国会武之地，支脉繁茂，驰名中外。

另一说法是，少林武术并非始于达摩，而是首创于跋跎的两个弟子慧光和僧稠。跋跎是印度僧人，于北魏孝文帝太和十九年（公元495年）来中国传教，比达摩早来32年。孝文帝尊崇佛事，为跋跎建少林寺。跋跎喜爱中国武术，收了两个弟子，一个叫慧光，一个叫僧稠，他们二人均是练武的能手。慧光身子轻灵，能在桥栏杆上踢毽子。僧稠刚出家时，身体虚弱，常受师兄弟们的戏弄，便决心发奋练武以自强，后来竟练就了一身好功夫。传说，僧稠曾挥杖赶走在少林寺山门前争斗的两只猛虎。

以上两种说法何者为准，尚需作进一步考证。

三、少林武术的特点与作用

少林武术之所以能够千年传承，受人敬仰，除受一些神话传奇故事的影响外，主要还是因为它的功夫过硬、风格独特、立足于实战。它的套路结构严谨，动作朴实刚健，攻防严密，招式多变，力量的运用灵活而富有弹性，着眼于实用，不练花架子，具有很强的自卫能力。少林寺白衣殿的南北山墙上，各有一幅寺僧练武的壁画，称为"捶谱"，是清代道光年间（公元1821～1851年）绘制的。这幅壁画画的是六合拳对练和各种器械对练，生动地记述了当时寺僧练武的情景，也突出了少林武术手、眼、身法、步的特点和攻防含义。千佛殿内练功的脚窝，就是寺僧们一代复一代刻苦练功的见证。在演练套路的形式上，少林武术有拳打"卧牛之地"之说。这说明少林武术在演练时不受场地大小的限制。即使在实战中，也能充分利用地形狭小的不利，发挥出它的威力。"拳打一条线"

也是少林武术的一个鲜明特点。在演练时，它的各种套路演练、动作起落进退，均在一条线上，这是根据实战的需要而设计的。例如，身法八要中要求起、落、进、退、反、侧、收、纵都在一条线上运动。手、眼、身法、步的要求是：身以滚而起，手以滚而出，手法滚出滚入，手臂曲而不曲，直而不直，运用自如，取南北派之长，练时非长不能达气，对搏时非短不能自顾；眼法注目为鹄，以审敌势；身法起横落顺，着重掌握重心，不失平衡；步法进低退高，轻灵稳固，抬腿踢脚，轻如惊鸿，重如泰山。步法注重自然，不强求大弓大马步形。在使用的方法上，少林武术要求内静外猛，即所谓"守之如处女，放之如猛虎"。少林武术的技法常声东击西，指上打下，佯攻而实退，佯退而实进，虚虚实实，刚柔相济，并善于借人之力，顺人之势，制人之身，不与来势顶撞，善用四两拨千斤之势，以智胜蛮。人们又以秀如猫、抖如虎、行如龙、动如闪、声如雷来形容它的变化多端。少林武术在动静、呼吸、运气、用气方面，也有自己的特点。拳诀讲：拳打十分力，力从气中出；运气贵于缓，用气贵于急，缓急神其术，尽在一呼吸。少林武术六合讲，肩与胯、肘与膝、手与足的外三合和心与意、意与气、气与力的内三合之法。内外形成一体，用鼻呼吸，集中劲力，必要时用嘴发出吼声，以震敌胆，克敌制胜。

四、少林武术的历史功绩与历代政府的关系

由于少林武术实战意义强，功夫过硬，历代均有名武僧出现。如前面曾提到的少林和尚昙宗等13人，因救驾有功，留下了"十三和尚救秦王"的佳话（少林寺白衣殿后墙北端有壁画可考）。又如元朝福裕和尚，曾为河南九州岛提督，因保国有功，死后追封为晋国公，少林寺现有碑刻可考。明代程冲斗着《少林棍法禅宗》一书中，曾言及少林棍法源出于"紧那罗王"。少林寺白衣殿后墙南端，有紧那罗王御"红巾军"的大幅壁画。明代诗人也曾以"威镇少室三千里，能抗外患百万兵"的诗句来赞扬他。明代中叶，我国东南沿海一带，经常受到倭寇的侵扰。倭寇劫夺财物，屠杀沿海居民，掳掠人口，给中国沿海地区带来的痛苦和灾难磬竹难书。歼灭倭寇、抗击侵略者是当时人民的迫切要求。嘉靖年间（公元1522～1567），两广总督上书皇帝，要求少林寺僧参与扫平倭寇。少林寺月空和尚，奉命带领40多个武艺高强的僧人，组成了一支僧兵队，开赴松江一带抵御倭寇。在战斗中，他们英勇顽强，奋不顾身，每战必捷，以

金戈铁棒击杀多股倭寇，而他们也血洒疆场壮烈牺牲。皇帝为纪念他们的功绩，在福建建立了少林寺下院（即现在的南少林寺）。同时代的小山和尚是少林寺正宗第二十四代传人，武艺超群，智勇兼备，曾三次挂帅征边，屡立战功。皇帝为他在少林寺山门前立石狮子和旗杆，以嘉其功。明天启五年（公元1625年）春立的《少林观武碑》（此碑在寺内碑林），曾有诗文记载：

　　　　暂憩招提试武僧，金戈铁棒技层层。

　　　　刚强胜有降魔力，习惯轻挟搏虎能。

　　　　定乱策勋真正果，保邦靖世即传灯。

　　　　中天缓急无劳虑，中义毗卢演大乘。

　　少林寺僧不仅历代习武功、佐王室，更重要的是尊崇佛法、传授佛教禅宗。这样虽得到一些统治者的支持，但也遭到一些统治者的反对与摧残。据历史记载，少林寺曾几次遭受火焚与废弃。如南北朝北周建德五年（公元576年），当时因信奉佛教的徒众几乎占了农民的一半，生产受到很大的影响，周武帝宇文邕便采纳了元嵩"定教先后"的建议，下令禁止佛、道二教流传，遣返僧、道、尼姑回家生产。当时少林寺的和尚也星散返家，寺院废弃。元顺帝时，国内的名刹大寺，几乎焚毁殆尽，少林寺也被毁大半。明太祖朱元璋在建立明朝的过程中，因得到少林寺僧的帮助，即皇帝位后，给予寺僧很多方便，使少林寺又得到了一定的恢复和发展。清军入关后，清政府对少林寺僧严加管束，住持僧需由京中派遣，如发现寺僧和周边群众有习拳技者，令地方官府抓捕镇压。据说清道光八年（公元1828年），清朝大员麟庆代替巡抚祭祀中岳。他住在少林寺，想看一看寺僧们的拳法。因当时清朝统治者严禁习武，所以寺僧们在麟庆面前"讳言不解"，不敢承认他们练武。后来，还是麟庆对寺僧们说，少林拳勇自昔有闻……只在谨守清规，保护名山，不必打诳语。寺僧们这才敢在殿前表演拳术。麟庆观后，佩服少林拳法矫捷罕见，与世俗不同。另有一种说法，清雍正皇帝爱武事，来少林寺想看练拳，寺僧们说："无旨不敢练。"皇上下令演练，观后赞赏有加，并画"拳谱"于寺。这些充分反映出了清代统治者对少林武术发展和传承的限制。到了民国十七年（公元1928年），军阀混战。军阀樊钟秀盘踞少林寺。军阀石友三于当年3月15日从辘轳关攻克少林后，发现樊钟秀和寺僧早已逃跑，为泄怒放火烧寺。这是继隋大业年间（公元605～617年）、清康熙年间（公元1662～1723年）之后少林寺遭受的第三次大火灾，也是最

严重的一次。熊熊大火延烧 40 余日。寺内的许多建筑和文物古迹，如天王殿、大雄宝殿、藏经阁、钟鼓二楼，以及古柏、经卷、寺志、拳谱等俱成灰烬。这场浩劫使国家文物蒙受了巨大损失，也给今天研究少林武术的发展史造成了难以克服的困难。

第二章　少林双草镰

少林双草镰各部位名称

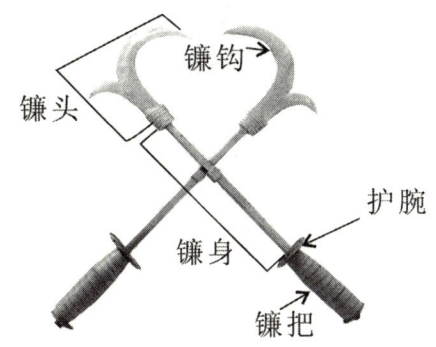

动作名称详解

1. 预备式

两脚并步站立，两臂自然下垂，右手持双镰，镰钩朝后，目视前方（图1）。

图1

2. 起势

左手接一镰放于身体左侧（图2）。

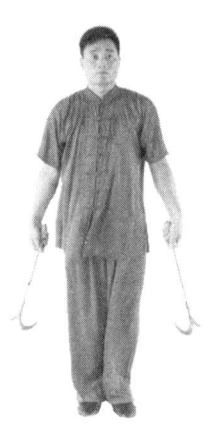

图 2

3. 前后双撑镰

双手持双镰、屈臂两手外旋做腕花，向两侧撑出，左手与肩同高，右手略高于肩，同时左脚上步成四六分马步，目视前方（图 3）。

图 3

4. 跪步左拦镰

左脚向前上步，左手持镰架于头顶上方，身体左转 90°，右脚跟步成右跪步。同时，右手由后向左前方钩出，屈臂收于左胸前，目视前方（图 4）。

图 4

5. 跪步右拦镰

右脚向右前方上步，身体右转90°，左脚跟步成左跪步，双手持镰由左向右平运，右手持镰架于头顶上方；左手屈臂回收于右胸前，目视前方（图5）。

图 5

6. 跳步双劈镰

身体左转180°，右脚向左前上步，双手持镰由上向下劈出。右脚蹬地跳起，身体右转360°，落地成马步，左手持镰下劈至右膝内侧上方，右手持镰下劈至右膝前上方，目视右前方（图6）。

图 6

7. 转身取腿镰

双手镰合并，左手至右腋下，右手至左肩外侧，左脚向前上步，身体右转，右脚向左脚靠拢，以双脚掌为轴向右后旋转一周成右弓步，同时双手持镰向身体两侧平展，右镰至右膝上方，左镰至右腋下，目视前方（图7～9）。

图 7　　　　　　　　图 8

图 9

8. 马步下压镰

身体左转360°，两手持镰向右翻转，同时右脚扣于左膝后方，双手架于头顶上方，右脚落地成马步。双手持镰由上向下钩出，左手持镰右膝前；右手持镰右膝外侧，目视右前方（图10）。

图 10

9. 上步右搂镰

右脚向右前方上步，左脚跟步，成右骑龙步，同时两手持镰由左向右钩出，左手至胸前，右手至头顶侧上方，目视左前方（图11）。

图 11

10. 上步左搂镰

左脚向左前方上步，右脚跟步，成左骑龙步。同时两手持镰，由右向左平展钩出，左手持镰至头顶侧上方，右手持镰至胸前，目视左前方（图12）。

图 12

11. 上步右搂镰

右脚向右前方上步，左脚跟步，成右骑龙步，同时两手持镰由左向右平展钩出，左手持镰至胸前，右手持镰至头顶上侧方，目视右前方（图13）。

图 13

12. 横扫千军

左脚向前上步与右脚靠拢，身体右转双手镰合并，左手至右腋下，右手至左肩外侧，以双脚掌为轴向右后旋转一周，同时双手镰向身体两侧平展（图14、图15）。

图14　　　　　　　　　图15

13. 双镰刺喉

右脚震脚，左脚上步，成左弓步，同时双镰向斜上方刺出，双镰交叉，左镰在下，右镰在上，目视双镰方向（图16）。

图16

14. 丁步劈柴

身体右转，左脚上步与右脚靠拢成左丁字步，同时两手握镰外旋做外腕花，左手握镰向前推出，右手握镰向后拉至右腿外侧，目视左前方（图17）。

图17

15. 转身扫镰

左脚向前上步屈膝全蹲，右脚向左前扫转360°，同时左手持镰收于腰间，右手持镰向左前平扫 360°收于腰间，成左丁字步，继续向左转身，左脚向前上步屈膝全蹲，右脚向左前扫转360°成左跪步，同时左手持镰收于右腋下，右手持镰向左前平扫 360°收于左肩外侧，目视前方（图18～21）。（重复两次同样的动作）

图 18　　　　　　　　　图 19

图 20　　　　　　　　　图 21

16. 大鹏展翅

身体右转180°，双腿同时蹬地向上跳起，左腿提膝扣于胸前，双手持镰向两侧平展，手臂伸直，与肩同高，目视右前方（图22）。

图 22

17. 上步左撩镰

左脚向左前方上步，右脚跟步成左高弓步。双手持镰从右侧由下向左斜上方撩出，左手略高于头，右手略高于肩，目视前方（图23）。

图 23

18. 上步右撩镰

右脚向右前方上步，左脚跟步成右高弓步。双手持镰从身体左侧由下向右斜上方撩出，右手略高于头，左手略高于肩，目视前方（图24）。

图 24

19. 上步左撩镰

左脚向左前方上步，右脚跟步成左高弓步。双手持镰从右侧由下向左斜上方撩出，左手略高于头，右手略高于肩，目视前方（图25）。

图 25

20. 撤步下搂镰

右脚向前上步，左脚向右脚后叉步。双手持镰由左向右下方搂出，左手落于右腰间；右臂伸直，与腰同高，头向右后方摆出，目视右后方（图26）。

图 26

21. 上下摆镰

双手持镰，手心翻转向上，同时由下向左上方摆出。右脚向后撤步，左脚向右脚后叉步。双手同时由上向右下方摆出，左手落于右腰间；右臂伸直，与腰同高，目视右后方（图27、图28）。

图 27　　　　　　　　　　图 28

22. 转跳劈搂镰

身体左转180°，双手持镰上撩至头顶上方。向脚向前上步，蹬地跳起，身体旋转360°，落地成左跪步。双手同时由上向下劈搂。左手落于左膝内侧，右手伸直落于右膝前，目视前方（图29、图30）。

图 29　　　　　　　　　　　　　图 30

23．左踹退

双手持镰，右腿挺膝；左腿屈膝，向后踹出，脚尖内扣，目视左后方（图31）。

图 31

24．翻身双砸镰

左脚向前上步，双手持镰由左向右经身体左侧向下、向上撩出。身体左转360°，同时右脚扣于左膝后方，转体后右脚向前落步成右弓步。双手持镰向下劈出，左手至右膝内侧，右手伸直落于右膝前方，目视前方（图32～35）。

图 32　　　　　　　　　　　　　图 33

图 34　　　　　　　　　图 35

25. 燕子起飞

身体左转180°，同时双脚蹬地向左后上方跳起，左膝扣于胸前，脚面绷紧，脚尖向下，左手持镰架于头顶上方；右手持镰手心翻转向上，由右向左平带，屈臂收于左胸前，目视前方（图36）。

图 36

26. 歇步护身钩

左脚向后撤步，右脚向后撤步，成右弓步。身体右转180°，双手由左向右平带，双腿下蹲成左歇步。同时双手向后回拉，左手放于左胸前，右手略高于肩，目视左前方（图37、图38）。

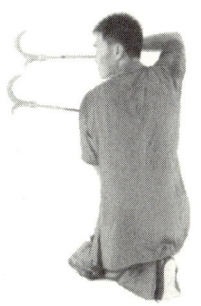

图 37　　　　　　　　　图 38

27. 上步连环刺

左脚向前上步，成左弓步，左手收于左腰间；右手持镰向前平刺，与肩同高。右脚向前上步，成右弓步，右手收于右腰间；左手持镰向前平刺，与肩同高。左脚向前上步，成左弓步，左手收于左腰间；右手持镰向前平刺，与肩同高，目视前方（图39～41）。

图39　　　　　　　　　图40

图41

28. 凤凰展翅

身体右转180°，震右脚，上左步成右跪步。双手持镰交叉放于胸前，同时向身体两侧平展，与肩同高，目视右镰方向（图42）。

图42

29. 左右格挡

左脚向右前方上步，右脚跟步成左高弓步，双手持镰由身体右侧向左后方搂钩。右脚向右前方上步，左脚跟步，成右高弓步，双手持镰由身体左侧向右后方搂钩，目视前方（图43、图44）。

图 43

图 44

30. 夜叉割麦

双手持镰交叉举于头顶上方，左腿屈膝提起。双手持镰向两侧平展打开，左脚向前落步成左弓步。双手持镰同时向内合，手臂伸直，与肩同宽，与膝同高，目视双镰方向（图45、图46）。

图 45

图 46

31. 收势

收左脚成站立势，同时双手持镰收于腰间。两手自然下垂，目视前方（图47、图48）。

图 47

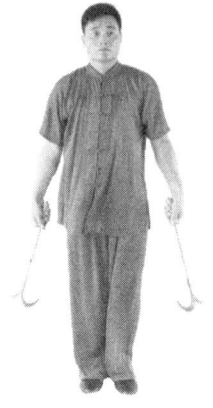

图 48

第三章　双枪

双枪各部位名称

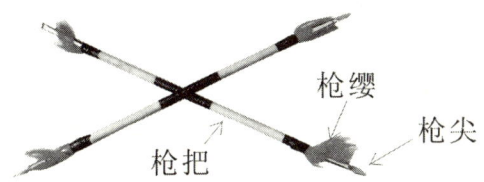

动作名称详解

1. 预备式

两脚并步站立，双手持枪放于身体两侧，目视前方（图1）。

图1

2. 双龙出海

左脚向左开步，与肩同宽，双手向身体两侧平刺枪，双枪于肩平，目视左方。顺势双手由左右回到胸前，双枪交叉向前推出，目视前方（图2、图3）。

图2

图 3

3. 舞花亮枪

（1）双手握枪先左手外花、右手里花，再右手外花、左手里花，在身体两侧做里外花三周（图4、图5）。

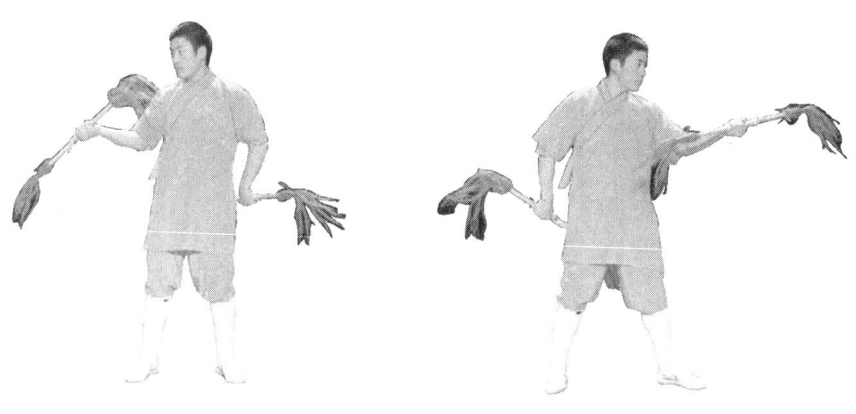

图 4　　　　　　　　　　　图 5

（2）随后提右膝身体向左后360°转身，双手持枪在身体旋转的同时做舞花，右手在胸前舞花把枪扣于小臂处，左手在身舞花后把枪扣于小臂处。右脚上步成右弓步，左手持枪向左前平推，与肩同高，右手持枪向上刺枪，竖立耳后，目视前方（图6～10）。

图 6　　　　　　　　　　图 7

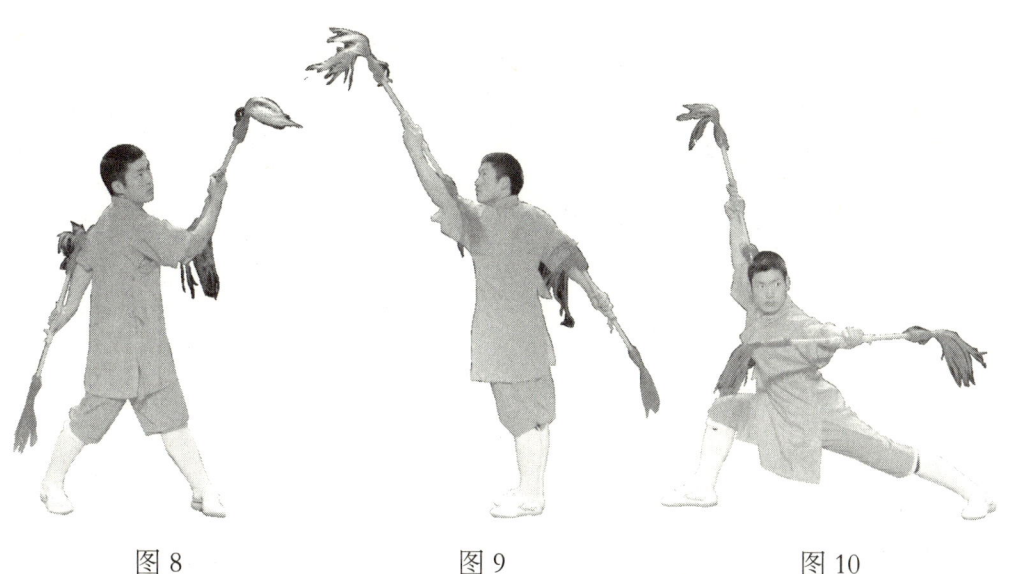

图8　　　　　　　　图9　　　　　　　　图10

4. 腾空刺枪

（1）起身，右手持枪向右前方刺枪，回身划枪左右舞花（图11～13）。

图11　　　　　　　　图12　　　　　　　　图13

（2）左脚向左后退步，右腿提膝扣于左腿弯处，身体左后转360°，同时双手随身做舞花，右脚向后落地成左弓步。右手持枪扣于小臂向前刺，左手持枪放于腰间，目视前方（图14～16）。

图14

图 15　　　　　　　　　图 16

（3）向右转身成跪步，双手在头顶平云枪，左手屈肘扣枪，右手持枪后拉，向左回身做前扫，双手持枪在头顶平云枪（图17、图18）。

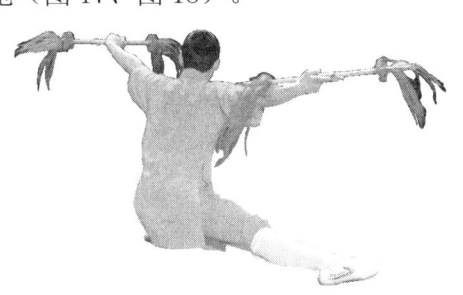

图 17　　　　　　　　　图 18

（4）半跪步左手向前刺枪，右手在后提枪，双脚跃起腾空踹腿，双手持枪做空中刺枪，目视前枪尖方向（图19、图20）。

图 19　　　　　　　　　图 20

5. 回身一击

（1）双腿落地双手持枪在身体两侧做里外花3周。（图21）。

（2）先左脚上步，再右脚上步，同时右手在胸前舞花后把枪扣于小臂处，左手在身后舞花后把枪扣于小臂处，双腿屈膝下蹲成马步，双手持枪交叉于右

腰窝间（图22、图23）。

图21　　　　　　图22　　　　　　图23

（3）右脚站立，左脚扣膝，向左180°回身，右手向前平刺枪，左手向上举枪，目视右前方（图24）。

图24

6. 空中劈叉

（1）落左步，双手外花，舞动双枪，向前两步，上步回身180°做空中劈叉，落地站立，双手持枪放于身体右侧（图25、图26、图27）。

图25　　　　　　图26　　　　　　图27

（2）身体左后转360°成右跪步，同时双手持枪舞平云枪花，右手向右前方刺枪，与肩同高，左手向左后平推，略高于头顶，目视右前方（图28、图29）。

图28　　　　　　　　　　　图29

7. 蝎子摆尾

（1）起身站立，双枪放于右侧，向左侧在面前平云枪花三周（图30～33）。

图30

图31　　　　　　图32　　　　　　图33

（2）右手持枪过脑，双手持枪高于肩，做前后舞花，同时上右步，提左腿向左后旋转做后摆腿，双枪随身左右摆开，双臂成直线，落地站立，双手不变，目视右下方（图34～37）。

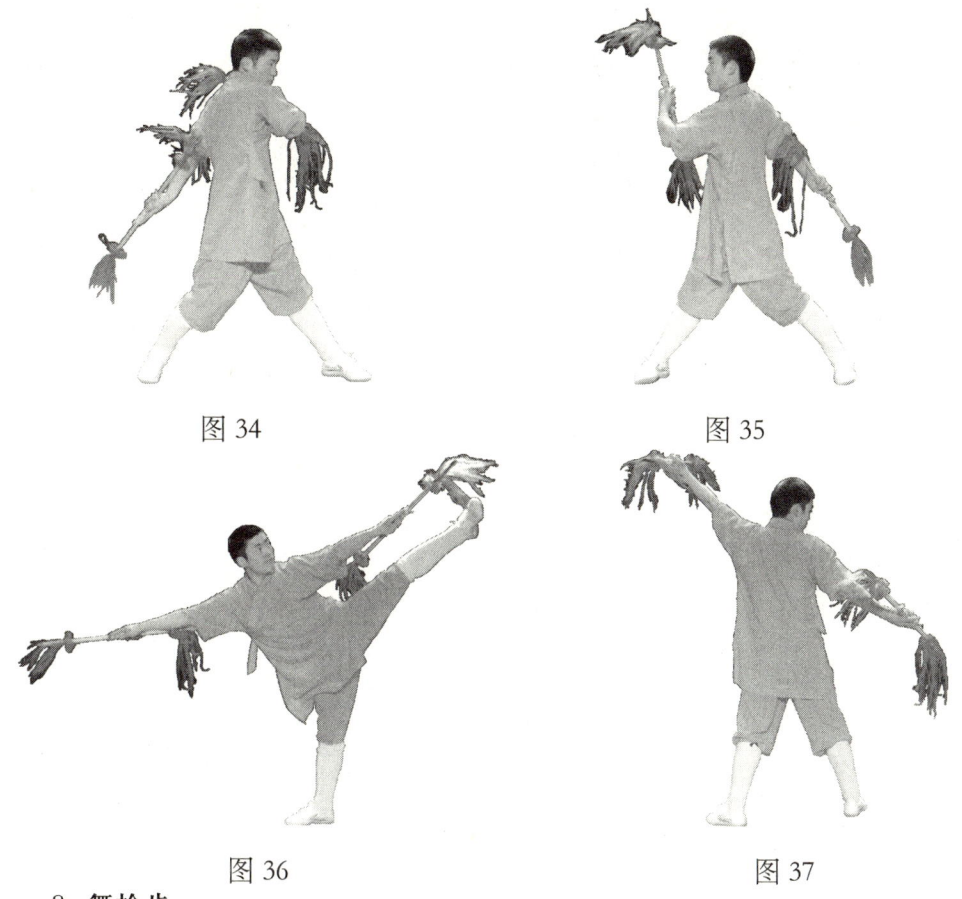

图34　　　　　　　　　　　图35

图36　　　　　　　　　　　图37

8. 舞枪步

（1）双手持枪高于肩，左右舞花，同时双脚向后连续退6步，边退步边舞花（图38、图39）。

图38　　　　　　　　　　　图39

（2）右转身，舞花旋转一周双枪扣于腋下，下腰，双枪枪头着地，目视前方（图40～42）。

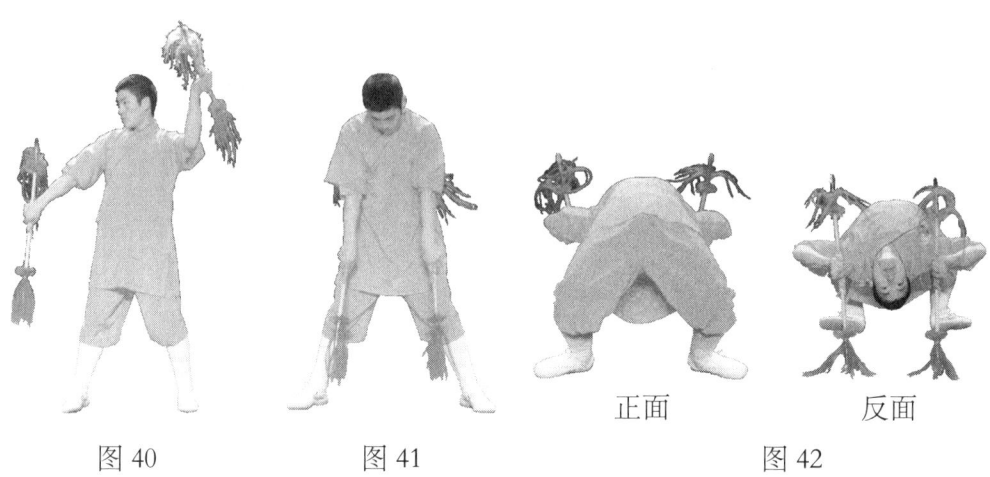

正面　　　　反面

图40　　　　图41　　　　　　　　图42

9. 鲤鱼打挺

接躺地，双枪交叉推出，身体平躺，双枪平放双臂两侧，双枪交叉，然后做鲤鱼打挺。起身，双臂垂直，手握双枪（图43～46）。

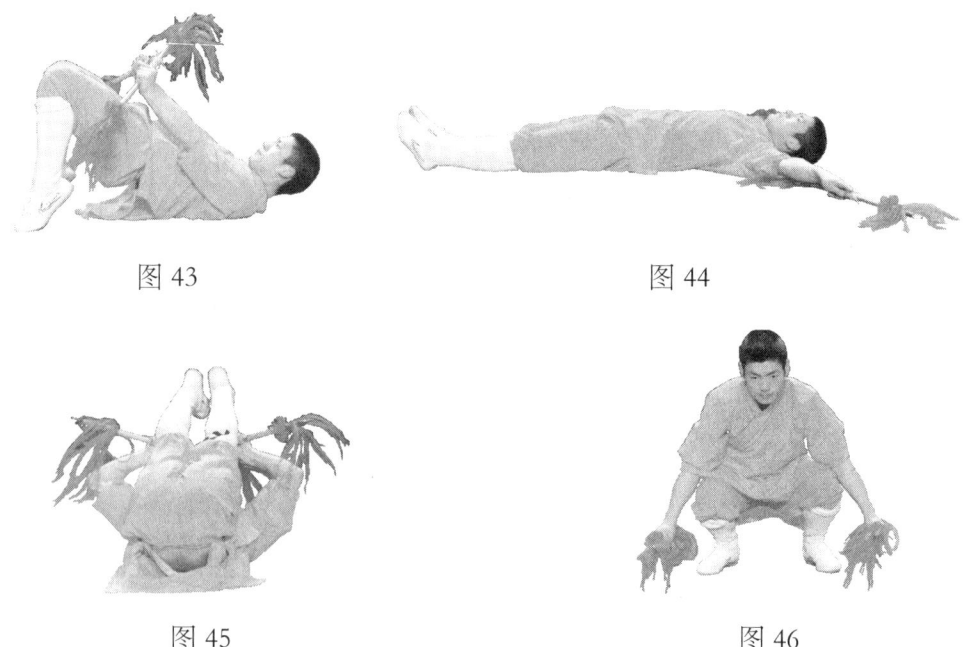

图43　　　　　　　　　图44

图45　　　　　　　　　图46

10. 左右扎枪

（1）站立，双手持枪，向左前上步做右跪步，右手从后向前下扎枪（图47、图48）。

图 47

图 48

（2）站立，双手持枪，向右前方上步做左跪步，左手向前下扎枪，目视右前方（图49、图50）。

图 49

图 50

11. 弓步亮枪

左跪步变左弓步，双手持枪向左前方平刺枪，回身平云枪，同时左脚向后与右脚并拢站立，左手持枪扣于小臂，右手持枪扣于小臂。右脚上步成右弓步，左手不动，右手持枪上刺，直立耳旁，目视前方（图51～54）。

图 51　　　　　　　　　　　图 52

图 53　　　　　　　　　　　图 54

11. 收势

双手舞平云花。收左脚成站立势，双手握枪自然下垂，放于身侧，目视前方（图55、图56）。

图 55　　　　　　　　　　　图 56

第四章　九节鞭

九节鞭各部位名称

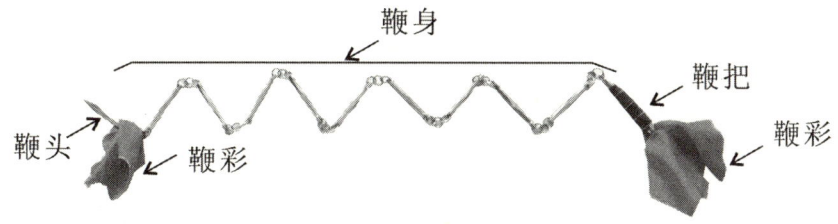

动作名称详解

1. 预备式

两脚并步站立，两臂自然下垂，目视前方；左脚向左开步站立，右手抓鞭、左手握拳，抱于腰间，目视左方（图1、图2）。

图1

图2

2. 震脚炮

左脚往左上一小步，身体向左转，左掌下落上提，右手握鞭由右方经面前向左掌下砸击响。两腿屈蹲成椅子桩，右脚震响，目视前方（图3）。

图3

3. 打虎式

右脚回退一步，两臂抡圆，左脚尖点地，左手立掌于胸前；右手握鞭高举头上方，拳面向上，目视左前方（图4）。

图 4

4. 怪蟒翻身

左脚提起向前落地，双脚跃起做击步跳，落地后左腿提起，右腿蹬地跳起，身体向左后方旋转360°，右脚空中与左手击响，右手握鞭抱腰间（图5、图6）。

图 5　　　　　　　　　　图 6

5. 仙人抛球

落地后，右手把手中鞭向右回身抖出，鞭身绷直，左手臂向身体左后方伸直亮掌，左脚屈膝向后蹬出，目视前方（图7）。

图 7

6. 风卷梨花

鞭随之回落不停，右手左右抢鞭各四次。同时，两脚小碎步随鞭上步，左右各四步。抢鞭落线，贴身体左右两边走，成交叉线，此也叫趟子鞭或正鞭花舞花，与上步要协调，目视前方（图8）。

图 8

7. 腋下藏花

接上势，舞花不停，右手让鞭在右腋下用臂拐。同时身体左转180°，左脚在前自然站立，目视前方（图9）。

图 9

8. 拨云见日

接上势，鞭不停，左手掌护于胸前与右手鞭助力、合力，两手舞鞭成撩鞭路线，鞭由身体两侧左右舞花成提撩花，各四次。同时，两脚小碎步随鞭各上四步，步与撩鞭协调，以两臂用力，以腰带动鞭走，目视前方（图10）。

图10

9. 二郎担山

接上势不停，让鞭落向右肩扛起，同时身体左转180°，目视前方（图11）。

图11

10. 老妈单拐线

接上势，鞭不停，鞭先从身体左方交叉后回落，搭于手右肘上，鞭回走，顺势带回。用右肘单臂拐两次，两脚立于原地不动，左脚在前，左手立掌护胸前（图12）。

图 12

11. 老妈双拐线

接上势，不停鞭，鞭搭于左肘，顺势向左后方由上往下走。在鞭向右走时，搭与右肘上，顺劲缠转，两肘交替，左右拐鞭各三次。同时两脚配合，左右上步向前走，与上肢配合，身体左右顺鞭转随协调，目视前方（图13、图14）。

图 13

图 14

12. 二郎担山

做完上势动作，鞭落于右肩扛起，同时身体左转180°，上右步，左转身，成左步在前状（图15）。

图 15

13. 老妈单拐线

接上势，不停鞭。鞭落于右肘，往后顺势带出，握鞭之手不可上扬，左脚在前，目视前方（图16）。

图 16

14. 张飞骗马

鞭由左上向右下经右腿下上拐，右腿成里合腿。同时身体左转180°，成反回身方向，两脚分开，与肩同宽（图17、图18）。

图 17　　　　　　　图 18

15. 二郎担山

鞭由下向上落于肩扛起。同时身体左转180°，右脚落地成右高弓步，目视前方（图19）。

图 19

16. 老妈单拐线

鞭在转身时直接落于右肘，顺势由下往上转出，两脚原地不动（图20）。

图 20

17. 右金丝缠脖

左脚前上一步划圆鞭，由脖子右边缠搭，用时顺劲摆头随鞭走。同时右脚上步成开步站立，鞭路走于身体左侧（图21、图22）。

图 21　　　　　　　　图 22

18. 老妈单拐线

接上势，不停鞭。鞭落于右肘，往后带出。右脚上步在前方成开步，身子顺势直立（图23）。

图 23

19. 夜叉探海

接上势，鞭不停。然后让鞭下走，鞭由右臂背后上走，落于左肩前方。左手挡抓鞭梢处后置于胸前，左手放于右肋处。同时身体下蹲成左仆步，目视前上方（图 24、图 25）。

图 24　　　　　　　　　图 25

20. 老妈单拐线

接上势，用左手上扔，让鞭后走，转身面向回路。右脚在前，用右肘单臂左右拐两次（图 26）。

图 26

21. 老妈双拐线

两肘交替，左右拐鞭各三次。同时两脚配合，左右上步。鞭随身体灵活配合（图27、图28）。

图 27　　　　　　　　图 28

22. 二郎担山

接上势，让鞭落右肩扛起，同时身体左转180°，右脚在前落地成点步，前后站立（图29）。

图 29

23. 老妈单拐线

接上势，随之鞭落右肘往后带出，顺劲贴身运行，左右脚原地不动（图30）。

图 30

24. 张飞骗马

接上势，鞭不停。鞭由左上向右下经右胯下上拐，右腿成里合腿，同时身体左转180°，两脚成开步（图31、图32）。

图 31　　　　　　　　　　图 32

25. 二郎担山

接上势，鞭由下向上落于右肩扛起，同时身体左转180°，左脚在前，目视左前方（图33）。

26. 老妈单拐线

接上势，身稍向左转，同时上左步，鞭由上至下自然落于右肘上，顺劲向后拐出（图34）。

图33

图34

27. 右金丝缠脖

接上势，鞭由后下方向上，由脖子右边缠搭，同时顺劲摆头随鞭走，右步上一小步，身体微右转（图35、图36）。

图35

图36

28. 老妈单拐线

接上势，鞭回时直接落到右肘，顺势走出，鞭紧贴身体右侧，两脚不动（图37）。

图 37

29. 黑狗钻裆

接上势，左右两圈舞花后，鞭由裆下向后方击出，鞭头向身后方向，两腿分开成高马步，左手立掌护于胸前，目视前方（图38、图39）。

图 38　　　　　　　　　　图 39

30. 蛟龙入海

接上势，鞭回撤，由前向后砸出，身体侧摔倒地，右腿伸直，左腿屈扣于右腿左侧，鞭平摔在地击打前方之敌，目视前方（图40）。

图 40

31. 鲤鱼挺身

用左手收抓鞭，同时左转身，目视上方；两腿伸直，然后屈腿，鲤鱼挺身跃起成马步（图41、图42）。

图 41　　　　　　　　　　图 42

32. 金丝缠葫芦

鞭从脖子左右各缠一次，身体配合顺势摆动，缠右边上左步，缠左边上右步，目视鞭头方向（图43、图44）。

图 43　　　　　　　　　　图 44

33. 苏秦背剑

鞭由右腋下向背上走，至脸前搭至身体上，左右随鞭头顺势摆起，连续做两次，两脚配合鞭走。当鞭向左甩头时，上右步（图45、图46）。

图 45　　　　　　　　　图 46

34．二郎担山

接上势，让鞭落右肩扛起，身体随之左转180°，身体转后面，两脚开步站立（图47）。

图 47

35．二起霹雳脚

接上势，鞭不停。鞭抡于左右两边，随之左脚上步跳起做左二起脚，左手击打左脚掌。同时鞭在身体右侧划圆两圈，目视前方（图48）。

图 48

36. 霸王观阵

接上势，鞭由腋下向后背部走，经至左肩搭于左手掌，目视前方。右脚站立，左腿提膝，成金鸡独立，目视前方（图49）。

图 49

37. 风卷霹雳鞭

接上势，左脚前落，右脚垫步前落，身体左后旋转360°做旋风脚，左手击响右脚掌，鞭随身起向右前方抡圆（图50、图51）。

图 50　　　　　　　　　　图 51

38. 黑狗钻裆

接上势，身体落地成马步。鞭由裆下向后击出，鞭头向后，左手立掌护于胸前，目视前方（图52、图53）。

图 52　　　　　　　　　　图 53

39. 狸猫打滚

接上势，转身拖鞭，经前方裆下击出，身体顺势前滚，坐于地下，两腿自然下落，目视前方（图 54～56）。

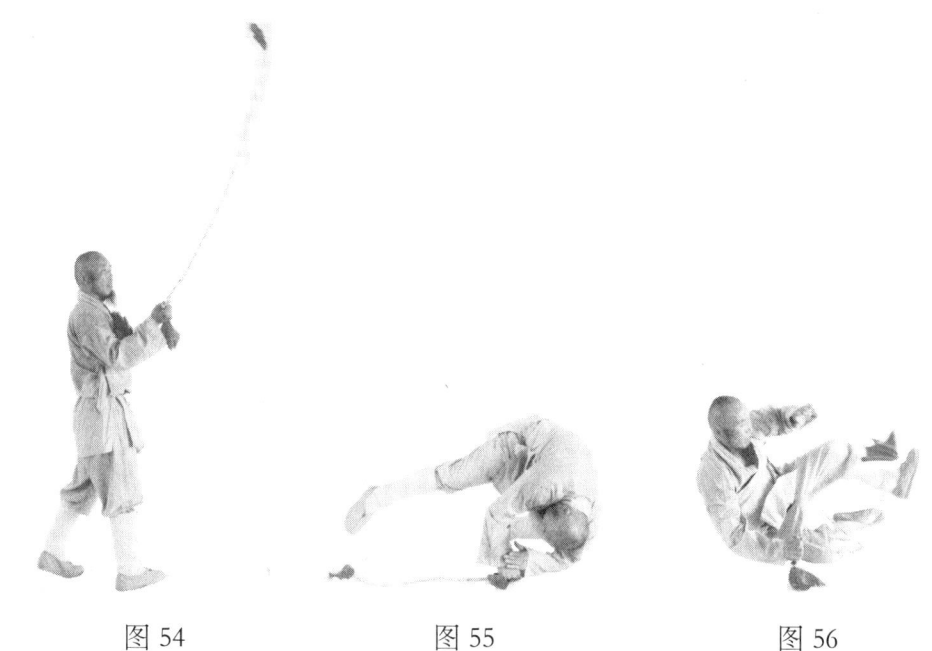

图 54　　　　　　图 55　　　　　　图 56

40. 老翁坐鳌连三起

接上势不停，上身坐起，左腿伸直；右腿屈膝，脚跟撑地，左手立掌护于胸前。右脚蹬地使身体离开地面，鞭由身下依次连扫转三圈，目视前方（图 57～59）。

图 57

图 58

图 59

41. 鲤鱼挺身

接上势，左手抓鞭，身体平躺地面，双腿伸直，鲤鱼挺身跃起成马步，目视前方（图 60～62）。

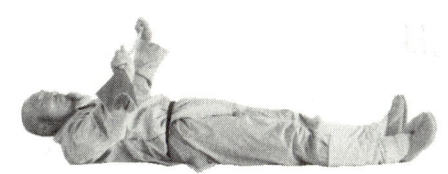

图 60

图 61

图 62

42. 定心拳

鞭由后背搭于左肩，用右手抓鞭头，同时震右脚，上左步成左弓步，左拳从腰间向前冲出。目视前方（图 63、图 64）。

图 63   图 64

43. 收势

收左脚成站立势，左拳变掌，立于胸前，右手抓鞭把抱于右腰间。两手自然下垂，目视前方（图 65、图 66）。

图 65   图 66

第五章 流星锤

第一节 流星锤各部位名称及握锤方法

流星锤各部分名称

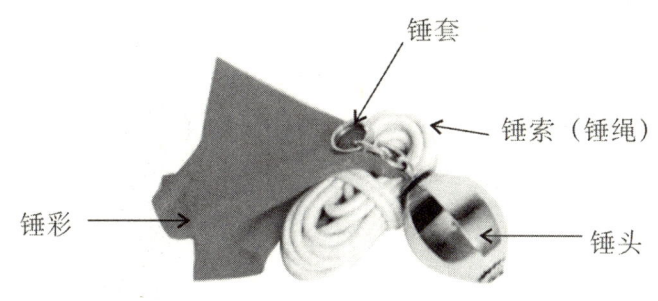

图 1

握捶方法

正握

左手腕套上锤套。左手虎口向锤头方向握住锤绳，拳心向右侧；右手虎口向锤头方向握住锤绳，拳心向左侧（图2）。

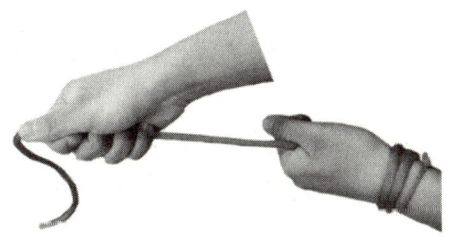

图 2

反握

左手腕套上锤套。左手虎口向锤头方向握住锤绳，拳心向右侧；右手虎口向锤套方向握住锤绳，拳心向下（图3）。

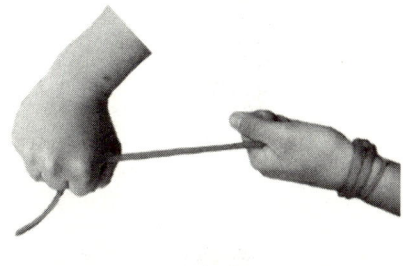

图 3

049

第二节　流星锤

动作名称详解

1. 预备式

两脚并步站立,左手握锤绳,下垂于身体左侧,右臂自然下垂,目视前方(图4)。

图4

2. 起势

(1) 左手握绳尾收于腰侧;右臂外旋,直臂向斜右前方摆起,掌心向上,目视右手前方(图5)。

(2) 左脚向左侧跨步,双腿直立,右臂抱拳收于腰间;左臂从腰间向前方冲拳,拳心向下,双肩下沉,目视前方(图6)。

图5

图6

（3）右腿后伸，右膝着地，成右跪步，右臂从右腰间向左穿掌，四指并拢；左掌自然沉于右臂下，目视右手上方（图7）。

（4）上体右转，右掌成立掌向右侧摆出，左手握绳在身体左侧握拳展臂，右腿上步，成左跪步，目视右手（图8）。

图7

图8

（5）右掌在身体前方从右至左，向左手绳尾部穿掌，握住锤绳。同时左手拉绳收回腰左侧，双肩下沉。与此同时，下体左跪步随着右手的穿掌动作同时平转成右跪步，目视右前方（图9）。

（6）左手保持不动，右手与步子同时向右侧平转，左脚尖着地，形成左跪步，目视前方（图10）。

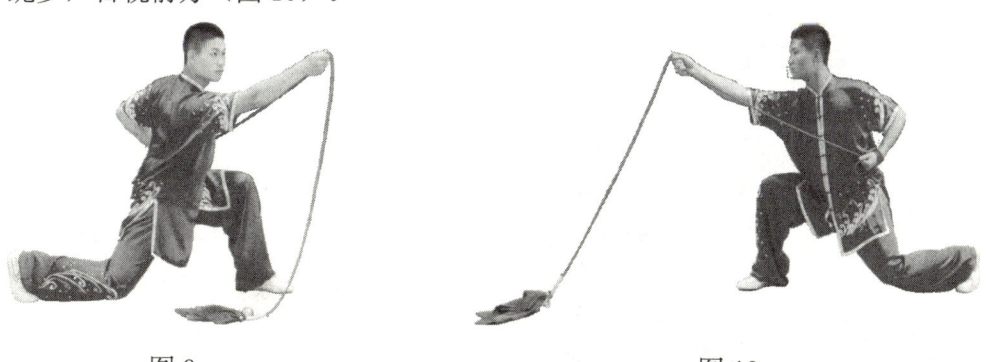

图9　　　　　　　　　图10

3. 扬鞭催马

（1）左手于腰间不动；右手握锤，绳顺时针方向，从右至左将锤慢慢提起，目视右手前方（图11）。

（2）上体直立向右转身90°，同时右手握锤绳中部，在身体右侧逆时针

抡花，左腿提膝扣于右腿膝盖前，右腿支撑。同时右手握锤绳中部，让锤逆时针旋转（图12）。

图11　　　　　　　　　　图12

（3）上体保持不动，左手与右手在锤绳之间拉开适当的距离后，双脚变步，左腿落步着地，右腿提膝扣于左腿膝盖前，流星锤保持逆时针抡花，目视前方（图13）。

（4）右脚向后方落步，左脚脚尖着地，上体向后转身，成左跪步。双手将流星锤向前方击出，上体稍向前探身，双手并于锤绳尾部，目视前方（图14）。

图13

图14

4.猛虎翻身

（1）左脚向前迈步，脚掌着地，左腿稍屈，右腿蹬直，成高弓步。左手与右手之间拉开适当的距离，右手握于锤绳中部，让流星锤在身体右侧逆时针

抡花，上体端正，目视前方（图15）。

（2）右脚上步，上体向左转身，成左高弓步。转身时将锤绳压于右臂腋窝下方，左手与右手之间拉开适当距离，右手握于锤绳中部让流星锤进行顺时针旋转，目视前方（图16）。

图15　　　　　　　　　　　　　　图16

（3）上体不动，双腿叉开直立。右手握于锤绳中部，让锤从肘下顺时针旋转半周后，抬起右肘，将锤绳搭在右臂大臂上，流星锤顺时针在身体右侧贴身抡花，目视左前方（图17）。

（4）当流星锤顺时针旋转到下方时，右脚向左脚前方迈步，上体左后转身，右肘向上方挑起，将锤绳背于右肩，左手握紧锤绳尾部，气沉丹田，右手顺时针抡花形成背花，目视左后方（图18）。

图17　　　　　　　　　　　　　　图18

（5）转身背花后，锤自然沿顺时针方向在身体左侧抡花。之后提右膝，右腿迈步向前，成左跪步。左臂抬起，在身体左侧呈盘肘状，盘肘向左侧支出，后将锤抡到左臂盘肘腋下（图19、图20）。

图19　　　　　　　　　　图20

（6）此时，锤花已经由左侧抡向右侧，右肘贴身，这样可以使锤花贴身。之后将右肘抬起，将锤轮花抡于右肘腋下。与此同时，右脚向前迈步，身体向左侧转身，让锤抡花抡向身体左侧，此时锤花由逆时针转为顺时针（图21～23）。

图21　　　　　　图22　　　　　　图23

（7）左脚上步，上体右转。同时锤花在身体右侧逆时针旋转，双手握绳的距离在1米左右。上体直立，两腿开立，左脚在前，右脚在后，右肘自然下垂，目视前方（图24）。

（8）将锤头从身体右下侧腰部以上向后背部左肩处打出，之后再让锤从身体左肩处落下，绳子稍稍放长一些，然后右手握住绳中部，左手握住锤绳中后部，双腿稍屈，目视锤头方向。右手拇指和食指捏住绳子中部，并在身体右侧逆时针抡花（图25、图26）。

图24　　　　　　　　　　图25　　　　　　　　　　图26

（9）右腿向前迈步，脚掌着地，成右高弓步。左手自然收于胸前，右手抡锤，成逆时针旋转，右臂自然下垂，气沉丹田，目视前方（图27）。

（10）左手握紧锤绳尾部，右手将锤抡于右肘腋下，让锤顺时针旋转，上体左转90°，上体端正，右肘平行与肩齐，双腿成高马步，双脚掌着地，目视左前方（图28）。

图27　　　　　　　　　　图28

（11）上体左转 90°，左手握紧锤绳不放；右手握于锤绳三分之一处，盘肘后顺时针旋转，将肘自然下沉，下腿稍屈，脚掌着地，成左高弓步，气沉丹田，目视前方（图 29）。

（12）当流星锤顺时针旋转到下方时，右脚向左脚前方迈步。上体向左后转身 180°，右肘向上方挑起，将锤绳背于右肩，左手握紧锤绳尾部，气沉丹田，形成背花，目视转身后（图 30）。

图 29　　　　　　　　　　　图 30

（13）背花后，右脚向前迈步，左手握住锤绳不放，肘下沉；右手让锤在身体左侧顺时针抡花，双肩下沉，目视前方（图 31）。

（14）左脚向前方迈步成左高弓步，左手握住锤绳中部不放，右手握于锤绳三分之一处，让锤从左侧顺时针旋转抡于右侧逆时针旋转，双肘自然下垂，目视前方（图 32）。

图 31　　　　　　　　　　　图 32

（15）让上体向左后转身90°，双腿成左叉步。左手握锤绳中部不放，右手握于锤绳三分之一处，抡于左侧，将锤顺时针旋转，膝盖弯曲，上体向左转身，目视锤头方向（图33、图34）。

图33　　　　　　正面　　图34　　　　反面

（16）当锤抡于上方时，将锤从颈部由左至右缠绕后，上体先向左后转身90°，左腿抬脚，扣膝于右腿膝关节处，右手将锤绳松开，向前方将锤用力打出，身体前探，双手握于绳尾，目视锤头方向（图35）。

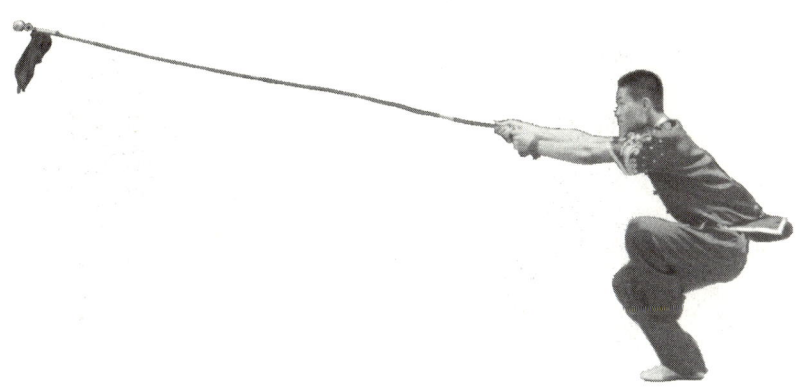

图35

5. 二龙戏珠

（1）左手将绳子向左侧拽拉。之后右肘部抬起，右手小臂往胸前收，让绳子搭在右臂大臂上。同时抬起右膝，身体向左侧稍稍倾斜，此时绳子会回荡到身体左侧，锤头在左臂上面，目视锤头方向（图36）。

（2）右膝下落，抬起左膝，身体稍稍向右侧倾斜，之后让绳子从自己的胸前回荡到身体右侧，再让绳子搭到左臂肘关节处，抬起左臂，此时绳子会回荡到身体右侧，目视锤的方向（图37）。

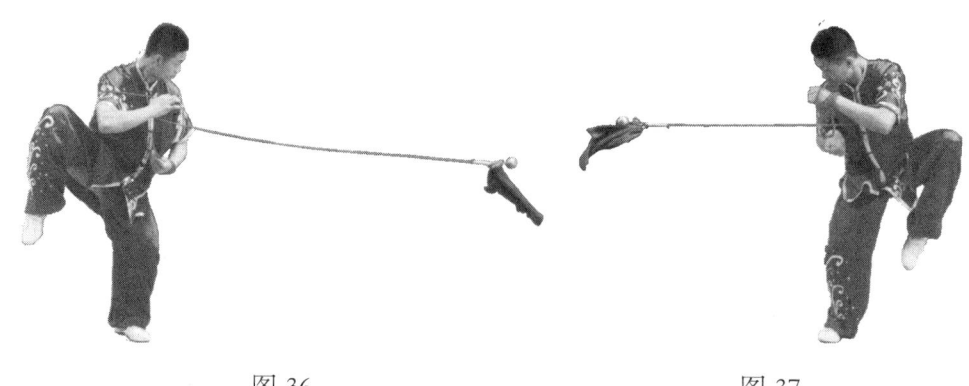

图 36　　　　　　　　　　　图 37

（3）左膝落下，在双臂缠绕的锤绳依然搭在双臂上时，右手拇指和食指捏住在身体胸前的绳子，在胸前进行顺时针抡花，双腿下蹲成高马步，头向正右侧摆，目视右前方（图38）。

（4）右手捏住的绳子在身体左侧顺时针抡花，随后身体向右起身，提起左膝（图39）。

图 38　　　　　　　　　　　图 39

（5）锤花从身体左侧顺时针抡花，抡为身体右侧时逆时针抡花。此时，左膝落下，换右膝提起（图40）。

（6）身体在以前原角度，再向右后转身180°，将锤向正前方击出，目视前方。身体稍稍向前探，双臂伸直，左腿屈膝成左跪步，双手合并在绳尾处，目视前方（图41）。

图 40

图 41

（7）左手拽住锤绳尾部，向左拽拉，让锤从左边顺时针旋转一周后，再向右面变成逆时针旋转。右脚在前，左脚在后，目视前方（图 42）。

（8）左脚着地，右脚向后退步，成高马步。让锤在身体右侧逆时针旋转，左手与右手之间的锤绳拉开适当的距离，目视前方（图 43）。

图 42

图 43

（9）将锤在身体右侧抡花，在腰部以上向后背方向抡出。之后让锤头从身体左肩抡出，同时左手抓绳子中部停于胸前，左臂架起平行于左肩，右手握绳子三分之一处，眼看前方，下肢保持不动，目视前方（图 44）。

左手抬起握住锤绳，胳膊架起，高于肩。锤花在上方落下后，左手为掌，接住锤绳尾部；右手抡锤成逆时针旋转，右臂自然下垂，气沉丹田，目视前方（图 45）。

图 44

图 45

（10）上体向左转身 90°，左手握住锤绳不放，右手抡锤在身体右侧由下至上逆时针抡花，左手放在小腹前保持与右手绳子的距离。左脚着地，右脚稍提起做迈步的准备，目视前方（图 46）。

正面　　　　　　　　　　　　　反面

图 46

（11）锤抡于左臂腋下，让锤从左臂下抡过，在上空时挂于颈部，让身体顺承锤的力量。同时右脚向前方迈步成高马步，目视锤的方向（图 47）。

（12）当锤挂颈部顺时针旋转一周时，身体向右后转身 270°。左手握紧锤绳不放，右脚提膝弹腿，脚面绷直；左腿挺直站立，右手插掌击拍脚面，左手提肘以便让锤的运行路线更加流畅，目视前方（图 48）。

图 47

图48

6. 玉女穿梭

（1）提膝弹腿击拍脚面后，当锤顺时针旋转到上方后，右手抓住锤绳顺势让锤从肩后方抡出，双肩下沉，双手把锤向前击出，右手握于绳尾处。与此同时，右脚向前迈步，脚掌着地；左脚随之跟右脚，脚尖点地，成丁字步，目视锤头方向（图49）。

（2）左脚向前方迈步，脚掌着地，上体向后转身，右手将锤回拉至右侧击出。同时右脚跟步，脚尖点地，成丁字步，双手将锤击出，右手握于绳尾处，目视锤头方向（图50）。

图49

图50

（3）右脚向后撤步，上体向后转身，右脚掌着地，右手将锤拉回至后方击出，右手握于绳尾处。同时左脚跟步，脚尖点地，成丁字步，目视锤前方（图51）。

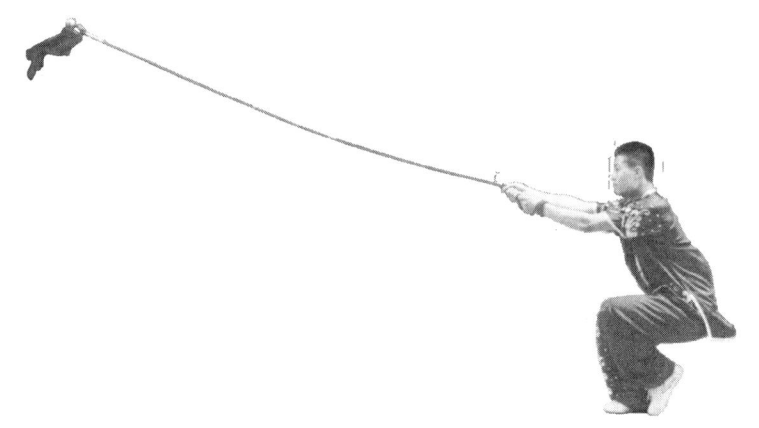

图 51

7. 金丝缠脖

（1）在身体右侧逆时针抡锤花，左脚向前方迈步，将锤由身体右斜下方（约在腰部处）向背后至左肩方向击出。由左手虎口处握住绳子，在身体右侧进行逆时针方向抡花（图52、图53）。

图 52

图 53

（2）右腿提膝迈步，锤沿逆时针抡花到左侧，后进行顺时针抡花，缠绕颈部。左手食指弯曲，勾住颈部前方的绳子。身体前倾，双腿微屈，目视锤头方向（图54、图55）。

图 54　　　　　　　　　图 55

（3）绳子缠绕脖子后，弯曲左手拇指，勾住抡花第二圈的绳子。之后，身体向右后方转身，上左步，进行第二圈缠绕颈部动作（图56）。

（4）此时锤为逆时针旋转，让绳子进行最后一圈缠绕颈部的抡花。之后右脚向前方迈步，绳子缠绕颈部，锤沿顺时针抡下，下肢随着锤的路线马步下蹲，成马步。右手为掌，同时接住流星锤的锤头（图57）。

（5）右手握住流星锤后，锤向身体左侧转动，双腿为马步，眼睛盯着锤头（图58）。

图 56　　　　　　　　　图 57

（6）由马步，快速转换为右跪步。左手将手指上所有勾住的绳子，全部松开；右手抓住锤，向右侧发力击打，将锤向身体右侧打出。双手并在一起，眼睛盯着锤头，目视锤头方向（图59）。

图 58

图 59

（7）击打后，快速向前迈两步，先上左脚，后上右脚，上体向左转身180°。锤在右侧肘下顺时针抡花。之后右脚向前迈步，将锤向前方击出，双肩下沉，双手收于绳尾处，左膝着地成左跪步，目视前方（图60～62）。

图 60 　　　　　　　　　　　图 61

图 62

8. 朝天一炷香

（1）身体向左侧倾斜，将锤搭在右臂，荡至左侧，右膝提起高于腰部，脚面绷平；左腿微屈，目视锤头方向（图63）。

（2）右腿向右侧落步，略微弯曲；左膝提起高于腰部，脚面绷平。身体向右侧倾斜，将锤搭在左臂回荡至右侧。气沉丹田，目视锤头方向（图64）。

图63　　　　　　　　　　　图64

（3）左脚向左侧落步，右腿提膝扣腿，左腿微屈，顺势身体向右侧转身90°，将锤逆时针旋转缠绕至右肘架于右侧，右肘高与肩齐，目视前方（图65）。

（4）右脚向后方落步成右跪步，同时右臂在身体右侧呈盘肘状，气沉丹田，目视前方（图66）。

图65　　　　　　　　　　　图66

（5）将缠绕在右肘上的绳子顺时针抡动，向上方击出，顺势右脚提膝向前方蹬地。左腿保持弯曲，双手握于绳尾，目视锤头方向（图67、图68）。

（6）当锤自然下落时，右腿向前方上步，成左跪步。右手顺势握于锤绳中部，沿顺时针方向抡捶半周，向前击出，气沉丹田，目视前方（图69）。

图67　　　　　　　图68

图69

9. 拉弓射箭

（1）双手依次将锤拽回至右侧，将锤沿逆时针旋转，左脚向前方迈步成左高弓步，左手收于左侧，目视前方（图70）。

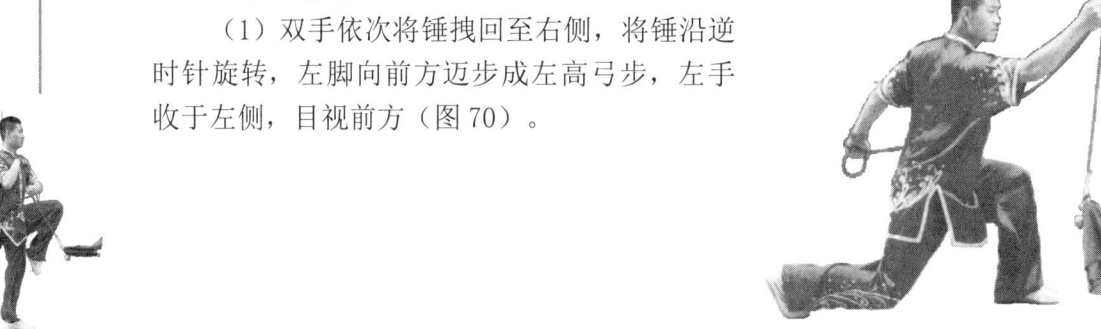

图70

（2）右脚向前上步成左跪步，右手将锤沿逆时针方向抡动，并挂于右肘一周呈盘肘状，肘高与肩齐，目视前方（图71）。

（3）上体右转，同时右手将锤挂肘一周后向后方击出。双手握于绳尾，下体由左跪步转换成右插步，气沉丹田，目视锤头方向（图72）。

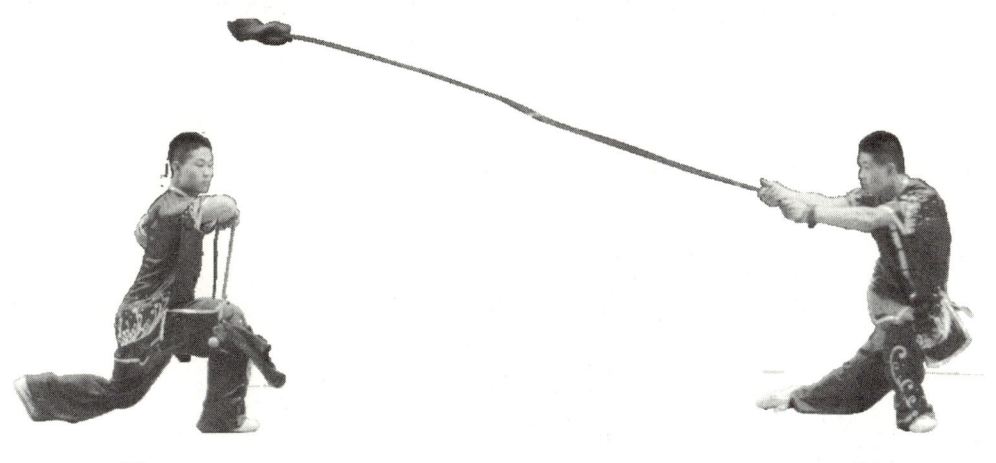

图71　　　　　　　　　　　　　　　　　图72

10. 霸王敬酒

（1）右手将锤拽回至右侧，以顺时针方向旋转。同时左右脚依次向前方上步（共三步）（图73～75）。

图73

图74　　　　　　　　　　　　　图75

（2）第四步时右腿提膝，扣于左膝前，脚尖回扣。左腿微屈，左手自然沉于身体左侧，右手将锤以顺时针方向挂于右肘一周呈盘肘状，目视前方（图76）。

（3）当锤挂肘一周在下方时，右肘顺势向前发力，让锤击至前方，双手握于绳尾。同时右腿提膝踹腿，脚尖回扣；左腿微屈，右腿伸直，目视前方（图77）。

图76　　　　图77

11. 王母拐线

（1）右脚落步于左脚的位置；顺势左脚扣于右膝内侧，脚面绷平。右手将锤拽回至左侧，以顺时针方向挂于左肘一周呈盘肘状，目视前方（图78）。

图78

（2）左脚落地成高马步，脚尖朝前，双脚掌着地，右手将绳子顺时针方向挂于左肘，目视前方（图79）。

（3）当绳子沿顺时针方向一周到下方时，左肘向左发力，以让流星锤击至左方。同时右手变掌，向右推掌，身体向左转成右跪步，气沉丹田（图80）。

图80

图79

（4）当流星锤击至左方的同时，左右脚变步。右脚上步至左脚的位置，顺势左脚扣于右膝内侧，右腿弯曲，双手握于绳尾，目视锤头方向（图81）。

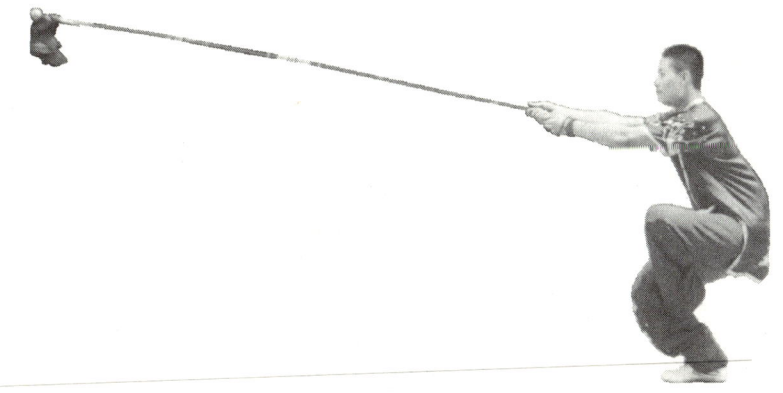

图81

12. 霸王卸甲

（1）左脚向左侧落步，将锤搭在右臂上并使其荡至左侧。右膝提起高于腰部，脚面绷平；左腿微屈，目视锤头方向（图82）。

（2）右腿向右侧落步，略微弯曲。左膝提起高于腰部，脚面绷平，身体向右侧倾斜，将锤搭在左臂上并使其回荡至右侧，气沉丹田，目视锤头方向（图83）。

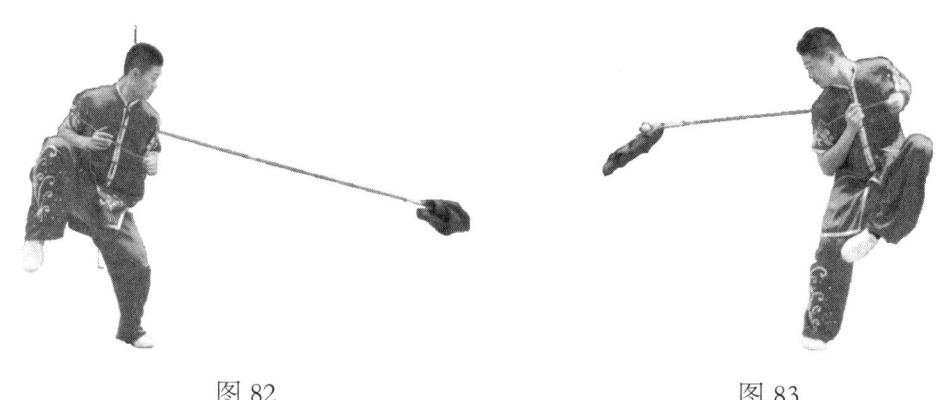

图 82　　　　　　　　　　图 83

（3）右手抓住右边的绳子，左手放在胸前，左脚落地成左高弓步，右手在胸前沿顺时针抡动锤绳，目视右侧（图84、图85）。

图 84　　　　　　　　　　图 85

（4）身体向右侧转身90°将左膝提起，让右手的绳子以顺时针的方向缠绕在左膝上。当锤头抡到正前方的时候，右手松开，左膝向前发力，将流星锤向前击出（图86、图87）。

图 86　　　　　图 87

13. 神龙摆尾

（1）左脚原地落步，右脚向后落步成左高弓步。左手握于绳尾，自然垂于身体左侧；右手将流星锤拽回，握于锤绳中部，将其沿逆时针旋转，目视前方（图88）。

（2）当锤沿逆时针旋转一周后，到右下方时挂于右肘，右肘高与肩齐。左手与右手之间把绳子拉开1米左右的距离，气沉丹田，目视锤头方向（图89）。

图88　　　　　　　　　　　　　　图89

（3）身体向后侧转动，将锤击出，身体向前探，双手握于绳尾。双腿由左弓步转换为左跪步，目视锤头方向（图90）。

（4）左脚向前方迈步。同时右手将锤从右肘下向左肩抡出，成挂肩，右手拇指和食指在虎口处捏住绳子；左手放在胸前，锤绳从左肩抡下来后，再由右手虎口处捏住绳子，此时虎口处共有两条绳子。双腿下沉成高马步，目视前方（图91）。

图90　　　　　　　　　　　　　　图91

（5）接住绳子后，将锤以顺时针方向抡动。右腿提起；右脚扣于左腿膝盖上，脚面绷平，目视前方（图92）。

（6）提膝上步成左跪步，双手握锤于身体前方，先右侧沿逆时针方向抡花一周后转为左侧顺时针方向抡花一周，目视前方（图93）。

图92　　　　　　　　　图93

（7）沿左侧顺时针方向抡花一周后，将锤由左至右挂于颈部。同时上左步成插步，上体左转，目视锤前方（图94）。

（8）当锤头抡动至后方的时候，先转上体跨步向左后180°转身，眼睛跟着锤的路线走，之后锤在体前沿顺时针方向抡动，经腰部、胯部、双腿，最后松右手，让锤向前击出。转身后再提左膝，左脚扣于右膝内侧，右腿微屈，身体前探，眼睛盯着锤，气沉丹田（图95）。

图94

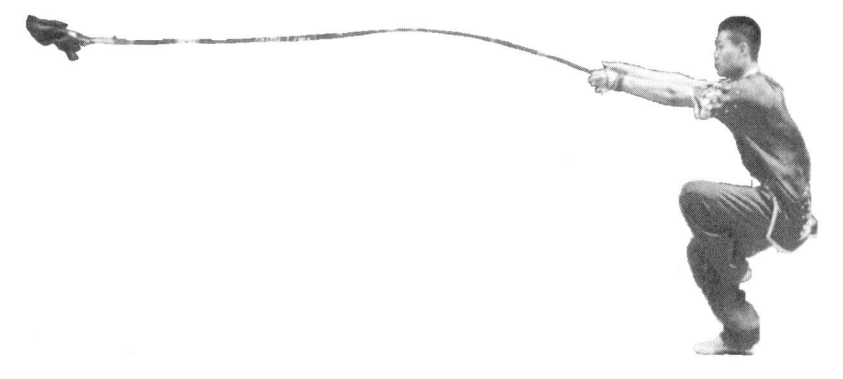

图95

14. 霸王卸甲（前打）

（1）左脚向左侧落步，右手抓住绳尾，左手向身体左侧拉绳子。与此同时右肘下沉，将绳子搭在右肘上，提右膝，身体向左侧倾斜，双眼看锤，左手控制好绳子的距离（图96）。

（2）抬起左肘，让绳子搭在左肘上。与此同时，换左膝抬起，右手拇指和食指捏住剩下的绳子，在胸前将锤沿逆时针方向抡花（图97）。

图96　　　　　　　　　　　　　　图97

（3）身体向后转90°，提右膝，在身体右侧将锤沿逆时针方向抡花，目视前方。身体左后转身180°，让锤跟随身体一起转身。锤由逆时针方向抡花，变方向顺时针方向抡花，后将锤打出。右膝转身下蹲成高跪步，双手握于绳尾，双臂向前伸直，目视锤头方向（图98～100）。

图98

图99　　　　　　　　　　图100

15. 跨虎奔山

（1）左脚垫步，右腿顺势在身体右侧抬起，将锤在右腿缠绕一周，右手反手抓绳，目视前方（图101）。

图101

（2）右脚向前方落步，抡锤至右臂腋下，和身体一起向左侧转身90°，锤由身体右侧按逆时针方向抡花，转向左侧按顺时针方向抡花（图102、图103）。

图102　　　　　　　图103

（3）当锤旋转一周时，上体左转，锤绳挂于右臂上方做挂肘式，双腿转换为左弓步（图104）。

（4）当锤抡为第四周时，左腿向后退步，成右弓步。同时，右手将锤挂于右肩做背花，目视前方（图105）。

图104　　　　　　　图105

（5）上体向左侧旋转180°，将锤挂于右肩上，左手握于锤绳，收于小腹前。重心由右脚转于左脚，右脚脚尖点地，双腿弯曲（图106）。

（6）上体再向左旋转90°，右腿迈步至左脚左侧成准备跳起势，挂肘下来时落于身体前方顺时针旋转，双腿弯曲（图107、图108）。

图106　　　　　　　　图107　　　　　　　　图108

（7）双腿起跳，右腿顺势在身体右侧抬起。同时右手将锤从右腿外侧向左侧击出，双手握于绳尾，目视锤头方向（图109）。

图109

（8）身体下落后，右脚落地，身体顺势向左旋转270°。左脚向前上步成左高弓步，左手握于绳尾，右手顺势抓住锤绳中部向左击出，目视锤头方向（图110）。

图 110

16. 朝天一炷香

（1）右手将锤拽回，做逆时针旋转。右脚向前上步，成右高弓步。左手向左侧摆出，与右手相差1米左右的距离，目视前方（图111）。

（2）左脚向前上步，右手握于锤绳中部，保持逆时针旋转，身体成左高弓步，目视前方（图112）。

图 111　　　　　　　　　　图 112

（3）右脚上步，双脚并拢，双腿下蹲接近水平，气沉丹田。将锤沿逆时针方向缠绕在右肘上，目随锤走（图113～115）。

图 113　　　　　　　图 114　　　　　　　图 115

（4）捶在右肘缠绕一周后，当锤头方向缠绕至上方时，身体快速向上起身，肘部发力将锤向上方击出，锤绳成一条直线，双手握于绳尾，目视锤头方向（图116）。

（5）右手向下快速拽锤，左手顺势摆至左侧，高于左肩，锤绳不要收完，留一截于右手前方。身体蹲为左高弓步，目视前方（图117、图118）。

图 116　　　　　　　图 117　　　　　　　图 118

17. 收势

（1）将锤头收于右手，起身，双脚合并，双臂向身体左右两侧展开（图119）。

（2）左脚原地不动；右腿提膝扣腿于左膝前方，脚尖绷直。双手做云手花，锤绳在头顶沿逆时针方向抡花一圈，双手收于胸前，左手变掌放在右拳下方，目视前方（图120）。

图119　　　　　　　　　　图120

（3）将锤绳缠至腰间，右脚向右侧落步成马步，双手收于右腰间，目视双手（图121）。

（4）重心移至右脚，左脚收于右脚侧成丁字步，双腿直立。上体左转，双臂由下向上从身体两侧抬起，左臂高与肩齐，右臂略高于肩，目视前方（图122）。

图121　　　　　　　　　　图122

（5）收绳。两手自然下垂，双腿直立，并拢，目视前方（图123）。

图 123

第六章　达摩杖

达摩杖各部位名称

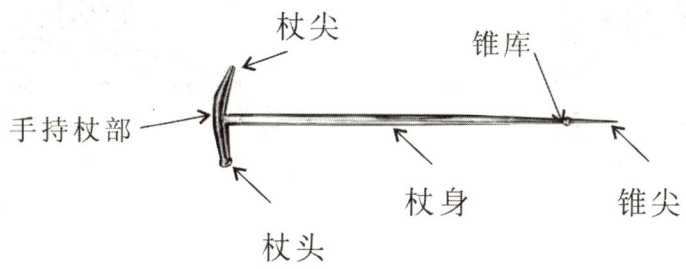

动作名称详解

1. 预备式

两脚并步站立，两脚尖朝前，右手握杖贴于右肩后侧，锥尖朝上，杖尖向后，左手臂贴于身体左侧，目视前方（图1）。

图1

2. 罗汉拜佛

左手掌从身体左侧由下向上挑掌划半圆，经头顶落于胸前立掌，掌心向右，五指并拢，目视前方（图2）。

3. 回头望月

左脚向左跨步成弓步。同时左臂屈肘上挑掌护头，掌心向上，身体左倾，右手握杖贴于右臂后侧。头右转，往回看（图3、图4）。

图2

图3　　　　　　　　　　　　　　图4

4. 弓步舞花

身体起，右手握杖内旋，同时左手下落覆盖于右手上，往身体前方回带杖，由下往上向前抡劈一周，两手握杖外旋，经身体右侧由下往上向前抡劈一周，杖至头上方，两手握杖内旋，经身体左侧由下往上向前抡劈一周（此动作左右重复3次）（图5～10）。

要求：两肘夹紧，两手握杖于体前，左右抡劈要贴身抡圆，目视前方。

图5 　　　　　　　图6 　　　　　　　图7

图8 　　　　　　　图9 　　　　　　　图10

5. 弓步背杖

两手握杖外旋，经身体右侧由下往上向后抡劈一周。同时右脚向前垫步跳，左脚向前上步成左弓步，右手握杖背于右肩膀上，锥尖朝前上方，杖尖向左，左手向正前方推掌，目视前方（图11、图12）。

图11　　　　　正面　　　图12　　　　　反面

6. 上步撩杖

右脚向前上步成右弓步，同时右手握杖顺势外翻反撩一周。左手于体前接握杖身，锥尖朝上，杖尖朝左，目视前方（图13～15）。

图13　　　　　图14　　　　　图15

7. 弓步舞花

左手下拨杖，顺势覆于右手上，两手握杖外旋，经身体右侧由下往上向前抡劈一周，杖至头上方，两手握杖内旋，经身体左侧由下往上向前抡劈一周（此动作左右重复3次）（图16～21）。

图 16 　　　　　　　图 17 　　　　　　　图 18

图 19 　　　　　　　图 20 　　　　　　　图 21

8. 弓步刺杖

两手握杖外旋，经身体右侧由下往上向前抡劈一周。右手握杖回拉，左手前伸接握杖身，右手握杖至右腰处，左脚上步成左弓步，右脚蹬地拧身，同时右手握杖外旋，往前方扎出，锥尖与肩平，杖尖向左，目视前方（图 22）。

图 22

9. 回身下别拐

身体起,重心移至左腿,右脚收于左脚内侧,两脚并步站立,右手握杖柄,拉至头顶,左手握杖身,杖尖和锥尖向斜下,同时双手交叉握杖,左手握杖至右腋下,身体右转下蹲,杖经身体右前方向下往右方向钩拐至右小腿外侧,锥尖朝上,杖尖向后,目视前方(图23～25)。

图23　　　　　　　　图24　　　　　　　　图25

10. 上步撩杖

左右脚依次向前上步,左手往上拨杖。同时,右手握杖经身体右侧由下往上向后撩杖一周,右手顺势外翻反撩一周,左手于体前接握杖身,杖尖向左,锥尖朝上,目视前方(图26～28)。

图26　　　　　　　　图27　　　　　　　　图28

11. 弓步舞花（反面）

左手下拨杖，顺势覆于右手上，两手握杖外旋，经身体右侧由下往上向前抡劈一周，杖至头上方。两手握杖内旋，经身体左侧由下往上向前抡劈一周（此动作左右重复3次）（图29～33）。

图29 　　　　　　　　图30

图31 　　　　图32 　　　　图33

12. 弓步刺杖

两手握杖外旋，经身体右侧由下往上向前抡劈一周。右手握杖回拉，同时左手顺势前伸接握杖身，左脚上步成左弓步，右脚蹬地拧身，同时右手握杖外旋往前方扎出，锥尖与肩平，杖尖向左，目视前方（图34）。

图 34

13. 翻身连打

右手握杖回拉，左手持杖，身体起，向后方转身，杖由前向后方翻身劈打，右脚蹬地跳起，左脚向前落地，右脚顺势后插步，同时左手放开，右手握杖由上往下向后抡劈一周，左手接杖，（此动作重复 3 次），锥尖朝前，杖尖向下（图 35、图 36）。

图 35　　　　　正面　　图 36　　反面

14. 马步背杖

身体向后转体 180°成马步，双手握杖经身体左侧至头顶，落于右肩膀上，右手往右回拉杖，同时左手向左前方推出，手臂与肩平，目视左前方（图 37）。

正面

反面

图 37

15. 上步撩杖

右脚向前上步成右弓步。同时右手握杖内旋，经身体右侧由下往上向后顺势手握杖外翻反撩杖，左手于体前接握杖身。杖尖向左，锥尖朝上，目视前方（图38、图39）。

图38　　　　　　　　　　　图39

16. 仆步劈杖

两手握杖，经身体左侧由下往上向前抡劈。同时右脚蹬地，双脚依次跳起，右脚落地，左脚向前伸出变为左仆步。两手握杖向左腿内侧前下方劈打，锥尖朝前，杖尖向左，目视前方（图40～42）。

图40　　　　　　图41　　　　　　图42

17. 虚步亮杖

右脚蹬起，收左脚变左虚步。右手握杖内旋至左膝关节内侧，左手反握杖身挑杖于面前。锥尖斜朝上，杖尖向右，目视前方（图43）。

图 43

18. 上步撩杖

右脚蹬起，向前上步成右弓步。同时左手回拨杖，右手握杖内旋，经身体右侧由前往后向前撩杖一周。左手于体前接握杖身，锥尖朝上，杖尖向左，目视前方（图44～46）。

图 44　　　　　　图 45　　　　　　图 46

19. 弓步舞花

左手下拨杖，顺势覆于右手上，两手握杖外旋，经身体右侧由下往上向前抢劈一周，杖至头上方。两手握杖内旋，经身体左侧由下往上向前抢劈一周（此动作左右重复3次）（图47～51）。

图 47 　　　　　　　　　图 48

图 49 　　　　　图 50 　　　　　图 51

20. 弓步刺杖

两手握杖外旋，经身体右侧由下往上向前抢劈一周。右手握杖回拉，同时左手前伸接握杖，左脚上步成左弓步，右脚蹬地拧身。同时右手握杖外旋往前方扎出，锥尖与肩平，杖尖向左，目视前方（图52）。

图 52

21. 横扫千军

身体向右后方转180°，以腰带臂，左手放杖，右手握杖向右后方向平扫。同时右脚蹬地起，左脚前跳，右脚顺势后撤。身体继续向右转体270°，右手握杖后扫至背部背杖，锥尖向左前方，左脚收回，落于右脚弓处变丁字步，左手掌由胸前向左前方推出，目视左前方。两脚蹬地起身上左脚，再向前上右脚左转身成马步，右手往回带杖，向左后方平扫一周，左手接杖身于胸前，目视正前方（图53～57）。

图53　　　　　　　　图54　　　　　　　　图55

正面　　　图57　　　反面

图56

22. 弓步舞花

身体右转，左手下拨顺势覆于右手上，两手握杖外旋，经身体右侧由下往上向前抢劈一周，杖至头上方。两手握杖内旋，经身体左侧由下往上向前抢劈一周（此动作左右重复3次）（图58～62）。

图58

图 59 　　　　　　　　　　图 60

图 61 　　　　　　　　　　图 62

23. 罗汉锄地

右脚蹬地向前跳起，同时右手握杖顺势外旋，经身体右侧由下往上抢劈至右肩上方，左手反手接杖，锥尖斜向前，杖尖向上，左右脚依次向前落步成马步。同时身体左转，左手回带杖至左腰处，右手握杖下锄地至右膝关节前方，锥尖朝后，杖尖下扎，目视右前方（此动作连续做 2 次）（图 63～65）。

图 63　　　　　　　图 64　　　　　　　图 65

24. 左翻身锄地

身体以左脚为中心，提右膝，向左后方翻身转体一周，落地成右弓步。转身时杖贴身体由下往上向前下方锄地，右手顺势回收至杖身前端，锥尖朝后，杖尖向下，目视前方（图66～68）。

图 66　　　　　　　图 67　　　　　　　图 68

25. 仆步云扫

（1）左脚蹬地跳起，下落时两脚交换位置成左仆步，在双脚跳起同时，双手握杖上举至头顶换手，左手换手至杖身前端，右手换手至杖身后端，以腰带臂，杖尖从左向右横扫至左腿内侧，锥尖朝后，杖尖向右，目视前下方（图69～71）。

图69　　　　　　图70　　　　　　　　图71

（2）右脚蹬地跳起，两脚换步成右仆步，在双脚跳起同时，双手握杖上举至头顶换手。右手换手至杖身前端，左手换手至杖身后端，以腰带臂，杖尖从右向左横扫至右腿内侧，锥尖朝后，杖尖向左，目视前下方（图72～74）。

图73

图72　　　　　　　　图74

26. 仙人献杖

左脚蹬地起身，双手往回收杖至胸前成马步，锥尖朝后，杖尖向左。双手握杖向身体右前方平行推出，杖与肩平。同时右脚屈膝下蹲，左脚扣于右腿膝关节后方，杖身藏于右臂内侧，目视右前方（图75）。

正面　　　图 75　　　反面

27. 回身扎杖

身体左转，左脚向前落步成左弓步，左手握杖往回带。同时右手顺势握杖往前方平行扎出，杖与肩平，锥尖朝前，杖尖向左，目视前方（图76）。

图 76

28. 转身舞花

身体右转，左手下拔，顺势覆于右手上。两手握杖外旋，经身体右侧由下往上向前抡劈一周，杖至头上方。两手握杖内旋，经身体左侧由下往上向前抡劈一周（此动作左右重复3次）（图77～81）。

图 77　　　　　　　图 78

图79　　　　　　　图80　　　　　　　图81

29. 别四门

上左脚，身体右转，同时右手握杖外旋，经身体右侧由下往上向前抡劈一周，左手接握杖身前段。右腿提膝，扣脚面。身体右转180°落右脚成右弓步，两臂十字交叉，右手内旋，杖尖从上往右前下方钩挂至右膝关节前方，左手握杖藏于右臂腋下，锥尖朝上，杖尖向后，目视前方（此动作正反重复4次）（图82～84）。

图82　　　　　　　图83　　　　　　　图84

30. 弓步舞花

右手内旋，两手握杖回转，由下往上一周。左手覆于右手上。两手握杖外旋，经身体右侧由下往上向前抡劈一周，杖至头上方。两手握杖内旋，经身体左侧由下往上向前抡劈一周（此动作左右重复3次）（图85～89）。

图85 　　　　　　　　　　图86

图87 　　　　　图88 　　　　　图89

31. 苏秦背剑

右脚蹬地向前垫步跳，左脚向前上步成左弓步。右手握杖经身体右侧由下往上向前抡劈一周背于肩上，锥尖朝前，杖尖向左，左手向前推掌与肩平，目视前方（图90）。

图90

097

32. 提膝挑杖

右手握杖，经体前由下往上撩杖。同时左手从右腋下顺势挑杖至左肩平。同时左腿屈膝提起，右手握杖内旋至右腰处，锥尖朝向左上方，杖尖向前，目视左前方（图91～93）。

图91　　　　　　　图92　　　　　　　图93

33. 收势

左脚落地两脚依次向后撤步。同时左手扶杖下拨，右手握杖外旋，经身体右侧由下往上向前抡劈一周至右肩膀后背杖，锥尖朝上，杖尖向后。左掌从身体左侧由下向上挑掌划半圆，经头顶落于胸前立掌，两脚并立。左手下落于身体左侧，目视前方（图94～96）。

图94　　　　　　　图95　　　　　　　图96

第七章 春秋大刀

春秋大刀各部位名称

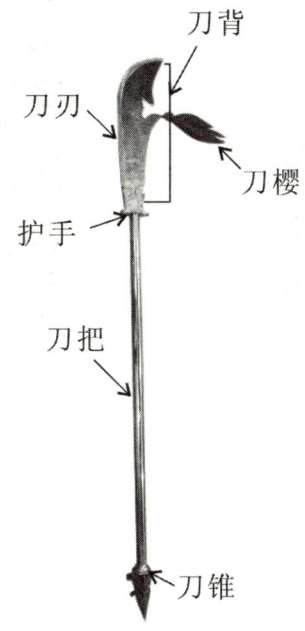

动作名称详解

1. 预备式

两脚并步站立，左手自然下垂，右手持刀，刀锥着地，竖立于右脚尖右前方，刀刃向前，目视前方（图1）。

图1

2. 起势

两脚并步站立，右手持刀，立于胸前；左手抱拳于腰间，刀刃向前，目视前方（图2）。

正面　　　　　　　侧面

图 2

3. 独龙出海

右脚踢刀把，刀把由前向上、向后运行360°。右手托刀平放于身体右侧，落右脚，成左弓步推掌，目视前方（图3～6）。

图 3　　　　　　　　　　　图 4

图 5　　　　　　　　　　　图 6

4. 背刀

右手拨刀，顺势向后舞花180°，刀把贴于右臂后侧，刀尖向下，刀刃向上。同时右腿提膝，落地后撤成左弓步，推左掌，目视前方（图7～9）。

图7　　　　　　　　图8　　　　　　　　图9

5. 回身三刀

一刀：左手回收于右臂腋窝处握刀把，身体向左后转180°，右手握刀把，顺势由前上到下经身体右侧顺势划立圆（图10、图11）。

二刀：接上式再运行一遍（图12、图13）。

三刀：顺势上左步，插右步，身体继续右转180°，右手持刀继续经身体右侧贴身由下往上划立圆，顺势提左膝。右手划立圆，举过头顶时左右手在胸前倒换把。左手握护手处，右手握刀把，落脚变马步，下压刀。马步变左弓步，左手向上翻刀，握刀于前，刀与肩平，刀刃向上，目视前方（图14～17）。

图10　　　　　　　　图11　　　　　　　　图12

图 13 　　　　　　　　图 14 　　　　　　　　图 15

图 16 　　　　　　　　　　　图 17

6. 三跳步刺刀

双手持刀不动，以左脚为轴，右脚经左腿向左后转 180°，刀刃向上，变右弓步持刀。手放于胸前上左步，提右膝，右脚跳起，顺势上左步，右脚跳起同时向前方刺刀，两脚依次落地成左弓步。同时刀收回胸前，刀刃向上，刀与肩平，目视前方（图 18～20）。

图 18　　　　　　　　图 19　　　　　　　　图 20

7. 回身劈刀

双手平举刀架于头顶，身体后转180°，向下蹲步劈出成水平，右手握刀把，交叉左腋下，刀刃向下，目视刀尖方向（图21）。

图 21

8. 护膝刀

上左步，双手持刀由下向上再向后经身体左侧划立圆，身体右转再由下向上继续划立圆。双手举刀于头顶时，左右手倒换把。身体继续右转360°，由上向下经身体右侧划立圆。同时提左膝，刀贴左膝划立圆。双手举刀于头顶，左手倒刀把向右前压，刀与肩平，右手持刀贴于脸右侧。同时回身左转180°向前刺刀，跳换步成左弓步，背刀，刀刃向上，左掌从右肩窝推出，目视前方（图22～30）。

图 22 　　　　　图 23 　　　　　图 24

图 25 　　　　　图 26 　　　　　图 27

图 28　　　　　　　图 29　　　　　　　图 30

9. 回身三刀

一刀：左手回收于右臂腋窝处，手握刀把，身体向后转180°；右手握刀把顺势从上到下经身体右侧顺势划立圆（图31、图32）。

二刀：接上式再运行一遍（图33、图34）。

三刀：顺势上左步，插右步，身体继续右转180°，右手持刀继续经身体右侧贴身由下往上划立圆，顺势提左膝，右手划立圆，举过头顶时左右手在胸前倒换把，上左步、抽右脚，左右脚不动。右手继续经身体右侧，由下至上，由前向后划立圆，到身后落与腰高，右手持刀在右侧成左弓步，平行向前横扫180°磨刀，目视前方（图35、图36）。

图 31　　　　　　　图 32　　　　　　　图 33

图 34　　　　　　　图 35　　　　　　　图 36

10. 金鸡独立

左弓步重心向右脚移，提左膝，双手持刀。右手在上立于头顶，左手握把，刀尖向上，刀刃向前，目视前方（图37）。

图 37

11. 鹞子翻身

落左步，右手顺势经身体左侧向下划立圆，刀随身走上右步，同时向左后翻身跳起360°，变马步劈刀，连做三次，眼随刀走（图38～41）。

图 38

图 39

图 40　　　　图 41

12. 护膝刀

上左步，双手持刀由下向上、向后经身体左侧划立圆，身体右转再由下向上继续划立圆。双手举刀于头顶时，左右手倒换把，身体继续右转360°，由上向下经身体右侧划立圆。同时提左膝，刀贴左膝划立圆，双手举刀于头顶，左手倒刀把向右前压与肩平，右手持刀贴于脸右侧。同时回身左转180°，向前刺刀，跳换步成左弓步背刀，左手变掌向前推出，目视前方（图42～47）。

图42　　　　图43　　　　图44

图45　　　　图46　　　　图47

13. 回身三刀

一刀：左手回收于右臂腋窝处，握刀把，身体向后转180°；右手抓刀把顺势由前上到下经身体右侧顺势划立圆（图48、图49）。

二刀：接上式再运行一遍（图50～52）。

三刀：顺势上左步，插右步，身体继续右转180°，右手持刀继续经身体右侧贴身由前往后划立圆，停于身后，顺势提左膝，左手收于右肩窝处，左脚向前落地成左弓步。同时左掌向前推出，高与肩平，目视前方（图53、图54）。

图 48 　　　　　　图 49 　　　　　　图 50

图 51 　　　　　　　　　图 52

图 53 　　　　　　　　　图 54

14. 挡腰刀斩

左手收于右腋下握把；右手持刀，由下向上经右侧划立圆，落于腰平处，刀向前方平行磨刀180°。同时腰间右手向左前方刺出，提左膝向右方刺刀与肩平，目视刀尖方向（图55～59）。

图 55　　　　　图 56　　　　　图 57

图 58　　　　　图 59

15. 顶把

身体左转，右手向左手送把，刀身与肩平，刀刃向上，目视刀把方向（图60）。

图 60

16. 三跳步压刀

右脚提起向左跳步，左脚顺势跳起落地成马步。双手持刀交叉，左手放于右臂腋下；右手持刀，向下压刀。右手持刀，由下至上向后划立圆。身体同时右转，提左膝向右转身。同时刀贴身体左侧，由上至下划立圆，继续运行划立圆。双手举刀于头顶时，右手刀把向右前压，右手持刀贴于脸右侧。同时回身左转向前送刀，跳换步，变左弓步背刀，左手推掌。身体右后转，左手向右回收于腋下抓刀柄，右手顺势由前上至下经身体右侧逆时针划立圆。同时上左步，抽右步，变成左弓步，右手托刀于身体右侧，左手向前推掌，目视前方。右脚向前跳起，左脚落地，上势不变。右手持刀，左手向前推掌，伸直，翻腕变拳，拳心朝上。刀同时向前送出左拳并顺势收于腰间（图61～72）。

图61　　　　　　图62　　　　　　图63

图64　　　　　　图65　　　　　　图66

图67　　　　　　　图68　　　　　　　图69

图70　　　　　　　图71　　　　　　　图72

17. 抛刀

右手持刀，向上抛出，落下同时左手抓刀于护手处。右手抓刀把，刀刃向上，举过头顶，原地身体向右转180°。持刀下蹲落于身体左侧，右手放于左腋下，左手抓到护手处，刀刃朝下。同时上右步，并左腿下蹲，压刀，目视刀尖。上左步，双手持刀由下向上、向后经身体左侧划立圆。身体右转180°，再由下向上继续划立圆，双手举刀于头顶，左右手倒换把。身体继续右转360°，由上向下经身体右侧划立圆。同时提左膝刀贴左膝划立圆，左手倒把向右前压与肩平，右手持刀贴于脸右侧，回身左转180°，向前抹脸转身，再转180°，向前刺刀，跳换步变弓步背刀，左手变搂须式放于胸前，同时发音"威"，目视右前方（图73～84）。

图 73　　　　　　图 74　　　　　　图 75

图 76　　　　　　图 77　　　　　　图 78

图 79　　　　　　图 80　　　　　　图 81

第七章　春秋大刀

图 82　　　　　　　图 83　　　　　　　　图 84

18. 收势

左手变拳收于腰间，左脚靠于右脚立正。右手提刀，由下向上立于胸前。刀刃向前，刀尖向上，左拳变掌，左手自然下垂，目视前方（图 85、图 86）。

图 85　　　　　　　　图 86

第八章　月牙铲

月牙铲各部位名称

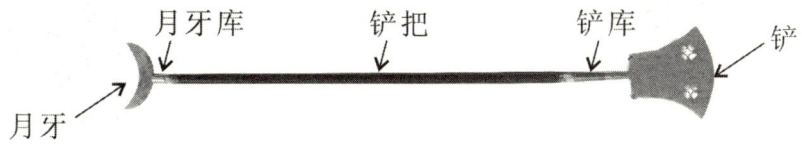

动作名称详解

1. 预备式

两脚并步站立，右手持月牙铲放于右脚外侧，左手自然下垂，目视前方（图1）。

图1

2. 起势

左脚向左开步，与肩同宽。同时左手握拳抱于腰间，右手持铲放于身体右侧，向左摆头，目视左前方（图2）。

3. 虚步亮铲

右脚抬起，用脚外侧踢月牙铲，左拳变掌，向下插掌，再向上划半圆，落于胸前成侧立掌向左前方推出，右手持铲顺势向上平推，右腿下蹲成左虚步，目视前方（图3、图4）。

图2

113

图 3 图 4

4. 弓步立铲

左脚向左跨变马步，同时右手持铲收于腰间，右脚蹬地，身体左转变左弓步，同时双手持铲向右侧立铲铲出，目视前方（图5、图6）。

图 5 图 6

5. 挑水势

右脚向前跟半步，提右膝，同时双手持铲向后方由上至下在身体右侧划圆一周，右腿向前落地成右弓步，双手持铲，由腰间向前上方铲出，目视前方（图7～9）。

图 7

图 8　　　　　　　　　　图 9

6. 弓步平铲

左右脚跳换步，铲由下向上划圆落于胸前，身体左转成左弓步，双手持铲向前铲出，目视前方（图 10、图 11）。

图 10　　　　　　　　　　图 11

7. 弓步拉铲

右脚扣于左腿膝弯处，右手持铲由上向下划圆，平放胸前，右腿回落成马步。左手向斜前方45°推掌，右手向右后方拉铲，同时成右弓步，目视左手方向（图 12～14）。

图 12

图 13　　　　　　　　　　图 14

8. 单手托天

变左弓步，同时右手持铲向左上方斜铲出，左手向左后方推出。随后左手划半圆同时右手拨铲，使铲在身前划立圆，左脚收回紧贴右脚窝，双腿下蹲成丁字步。左手向左推掌，右手持铲向上平推，向左摆头，目视左前方（图15～18）。

图 15 　　　　　　　　　　图 16

图 17 　　　　　　　　　　图 18

9. 跳步出铲

左脚向左跨步，两腿依次抬起向左前方跳步，同时右手持铲放于腰间。落地成左弓步，左手接握铲，双手持铲向前铲出，目视前方（图19～21）。

图19

图20

图21

10. 回头望月

双手持铲由上向下划圆，右脚向前方上步，双手持铲继续向上划圆，身体向左后转180°，左腿向右腿后方插步。同时双手持铲向左划圆，变成右手单手背铲，左手向左撩手，向右摆头，目视右后方（图22～25）。

图22

图23

图 24　　　　　　　　　图 25

11. 云顶平铲

左脚向前上步，起右腿，单腿向左转身跳步成马步，同时双手持铲，头顶平抡花。双手平持铲握于腰间，右脚扣于左腿腿弯处向左转身击步变马步，同时双手持铲平划收于胸前，向右前方平铲出，目视右前方（图26～28）。

图 26　　　　　　　　　图 27

图 28

12. 换步平铲

身体左转，双手持铲由右向左平扫，右脚扣于左腿弯处，双手持铲向后送出，然后右脚落地成右弓步，同时双手持铲向斜上方铲出，目视铲头方向（图29～32）。

图29　　　　　　　　图30

图31　　　　　　　　图32

13. 斩腿式

双手持铲，向斜后方铲出。右腿提膝，左腿跳起，铲向右前方平铲，右脚落于左脚处，左腿向左跨步成右弓步。同时双手持铲向左膝下方铲出（此动作重复两遍）（图33～35）。

图33

图 34　　　　　　　　　图 35

14. 罗汉下山

左脚向前跟步，两腿下蹲成半蹲步，双手向上举铲落于右肩，向右转身，左手立掌收于胸前，目视前方（图 36）。

图 36

15. 凤凰展翅

右腿半蹲，左腿半弯后撩，同时左手向左推掌，向左摆头，左腿向右腿前方上步变半蹲，右腿半弯后撩，同时左手立掌收回胸前。右腿向左腿前方上步变半蹲，左腿半弯后撩，同时左手向左推掌，目视左方（图 37～39）。

图 37

图 38　　　　　　　　　　　图 39

16. 直捣黄龙

左脚向前落步，身体向右后转身，同时右手单手持铲向右方铲出，身体继续右后转，左脚向右撤步成右弓步，双手持铲向前上方平铲，目视铲头方向（图 40～42）。

图 40

图 41　　　　　　　　　　　图 42

17. 换步刺铲

双腿前后换步落地成马步，双手持铲由下向上划圆落于胸前，身体左转成左弓步，双手持铲向左前方铲出，目视左前方（图 43～45）。

图 43

图 44

图 45

18. 上步截铲

双手持铲由左向右经头顶平抡花,同时右脚向左上步与左脚并齐,同时身体后转180°半蹲,然后铲向斜下方铲出,目视右下方(图46～48)。

图 46

图 47

图 48

19. 白蛇出洞

右腿向右跨步成马步，右手向上格挡。左腿向右腿后方撤步，右腿向右跨步。同时双手持铲绞一周，左手握铲贴于腰间，左脚蹬地变右弓步，双手握铲向右上方铲出。右腿蹬地变左弓步，双手持铲向左插出，月牙朝前，目视前方（图49～54）。

图 49

图 50

图 51

图 52

图 53

图 54

20. 离行幻影

右腿向左腿前方站立，抡花三个，接着直立背花一个，再接着抡花一个。右腿向右跨步，左腿扣于右腿腿弯处，向右转身击步，落地成马步。同时双手

持铲向左后方至前方划圆，铲握于腰间，向左铲出拉回，左手位于胸前，右手位于腰间，目视右前方（图55～68）。

图55

图56

图57

图58

图59

图60

图 61　　　　　　　　图 62

图 63　　　　　　　　图 64

图 65　　　　　　　　图 66

图 67   图 68

21. 直插云霄

左腿直立，右腿提膝，双手持铲先向左铲出，再向右斜上方插出。右腿落于左腿前方，左腿向左上步；右腿提膝向左后跳转360°，落地成马步。铲随身体由上至下转一圈，双手持铲平放于双膝前，目视右方（图69～74）。

图 69   图 70

图 71　　　　　　　　　　图 72

图 73　　　　　　　　　　图 74

22. 震山势

双腿交错换步，向右转身上步成左弓步。同时双手交错，换手持铲，向左上至右下划圆，收于腰间向左刺出，目视前方（图75～78）。

图 75　　　　　　　　　　图 76

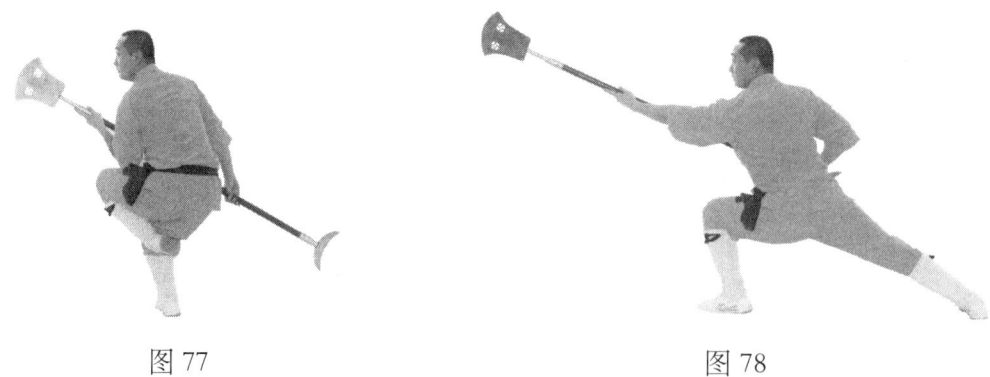

图 77　　　　　　　　　　　图 78

23. 蛟龙探海

双手倒把，在身体右侧向后向下划圆一周，左脚蹬地向前垫步跳出，右脚向前落成右弓步，同时双手持铲向前铲出，目视前方；双手倒把，在身体左侧向后向下向前划圆一周，右脚蹬地向前垫步跳出，左脚向前落成左弓步，同时双手持铲向前铲出，目视前方（图 79～84）。

图 79　　　　　　　　　　　图 80

图 81　　　　　　　　　　　图 82

图 83 　　　　　　　　图 84

24. 拨雨撩云

左脚向右后方插步，同时双手持铲向右后下方铲出，左腿上步，右腿提膝向左后转身跳 360°，落地后成马步变弓步。同时双手持铲在头顶平抡花，顺势向左前方扫出；左腿提膝向右后转身跳 360°，落地后马步变弓步，同时双手持铲在头顶平抡花，顺势向右前方扫出，目视左前方（图 85～92）。

图 85

图 86

图 87

图 88

图 89

图 90

图 91

图 92

25. 横扫千军

双手持铲在头顶平抡花，左腿下蹲，右腿向左前扫腿。双手持铲顺势扫出拉回腰间，成右仆步。重心右移，右腿半蹲，左脚扣于右腿腿弯处，双手持铲向右平铲出，目视右前方（图93～96）。

图93

图94

图95

图96

26. 守山势

左腿向左跳步，右腿提膝右脚扣于左腿弯处。同时右手向左手插铲，月牙落于地面。右手松铲，右腿向右落步成右弓步，左手不动，右手向右插掌翻掌架于右斜上方，向左摆头，目视左后方（图97、图98）。

图97

图 98

27. 收势

收左脚成站立势，左手持铲向右拉铲竖立于身体右侧，右手握拳收于腰间。右手变掌自然下垂，目视前方（图 99、图 100）。

图 99   图 100

第九章　少林三股叉

少林三股叉各部位名称

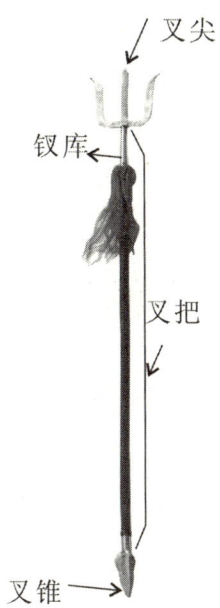

动作名称详解

1. 并步持叉

两脚并步站立，左臂自然下垂，右手持叉，目视前方（图1）。

2. 开步起势

左脚向左开步，与肩同宽。同时左手握拳抱于腰间，头向左摆，目视左前方（图2）。

图1

图2

3. 金鸡上架

右腿提膝，双手握叉，右手持叉向上伸臂扎出，左手握叉把放于右肩窝处，目视左前方（图3）。

图 3

4. 进步扎叉

右腿盖步落于左腿前侧，左腿向前上步成马步。同时右手持叉落于腰间，叉尖向左，左手握拳于腰间，目视左方。然后右腿蹬地，身体左转成左弓步，右手持叉向斜上方伸臂扎出，左手握叉把于右肩窝处，目视叉尖方向（图4、图5）。

图 4　　　　　　　　　图 5

5. 回身扎叉

双手持叉向左后方抡叉一周，同时右膝提起，然后右脚向前落步，双手持叉向斜上方伸臂扎出，目视叉尖方向（图6～8）。

图6　　　　　　　　　图7

图8

6. 金义锁喉

双手持叉向右后拨叉，然后左腿上步成马步，双手持叉由后向前下落抱于胸前。同时右腿蹬地转身成左弓步，双手持叉由腰间向斜上方伸臂扎出，目视叉尖方向（图9～11）。

图9

图 10   图 11

7. 犀牛望月

身体左转,双手持叉向左后方抢一周,后落于胸前,叉尖向左,右臂端叉。同时右腿提膝向右侧跨步成右弓步,左手变掌由胸前推出,目视前方(图12～14)。

图 12

背面   正面

图 13

图 14

8. 白蛇吐信

右腿蹬地转身成左弓步，右臂前伸，左手放于右肩窝处。然后右手持叉向右后方抡叉一周，经头顶落于腹前，叉尖向右，向左后方抡叉一周，同时重心前移，右腿提膝上步成右弓步，双手持叉向斜上方伸臂扎出，目视叉尖方向（图 15～19）。

图 15

图 16

图 17

图 18

图 19

9. 飞龙出海

右手向下握叉，左手向上握叉，然后向左后方抡叉一周。左腿提膝向前落步成左弓步，同时双手持叉由腰间向正前方伸臂平扎，目视叉尖方向（图20～22）。

图20　　　　　　　　　图21

图22

10. 天王盖顶

重心后移，成右弓步，双手持叉回收于胸前。然后右腿上步，左手回收于腰间，右手持把经头顶向前盖压，目视叉锥方向（图23、图24）。

图23　　　　　　　　　图24

11. 伏虎势

身体左后转，双手持叉挑把，叉尖向左。同时右腿屈膝支撑，左腿脚尖上钩，然后左脚上步成左弓步，双手持叉向斜下伸臂扎出，目视叉尖方向（图25、图26）。

图25　　　　　　　　　　　图26

12. 勒马回身

身体右转，双手持叉，经头顶后右手握叉于左手处，左手向下握叉收于腹前，右腿提膝。同时右脚上步成右弓步，双手持叉向斜上方伸臂扎出，目视叉尖方向（图27～29）。

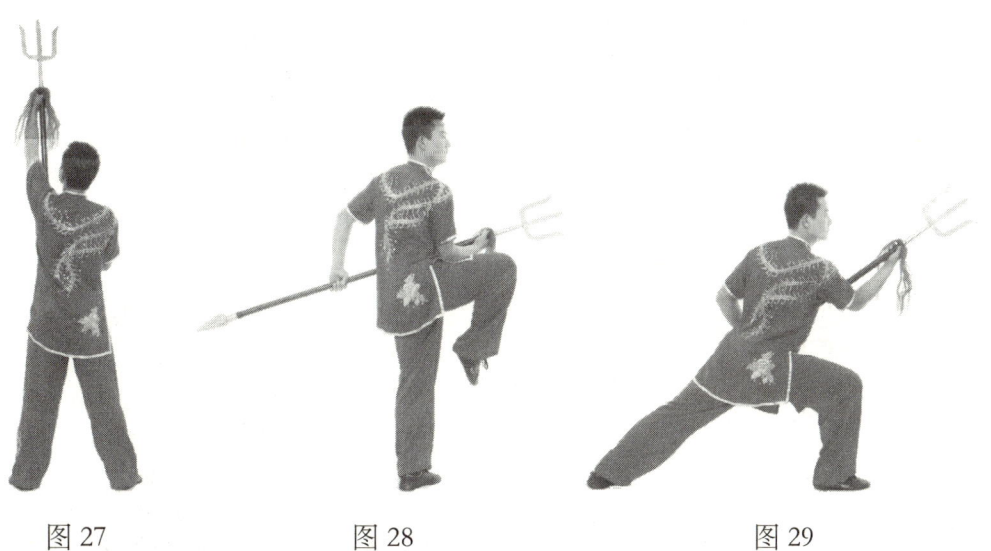

图27　　　　　　图28　　　　　　图29

13. 披身势

双手持叉，转身于右后方拨叉，然后双手持叉向上抡过头顶，向左侧后方抡叉一周，向右转身，双手持叉向左后方拨叉。然后继续向上抡叉，再向下压叉，叉把落于右肩上（图30～34）。

图30 　　　　　图31 　　　　　图32

图33 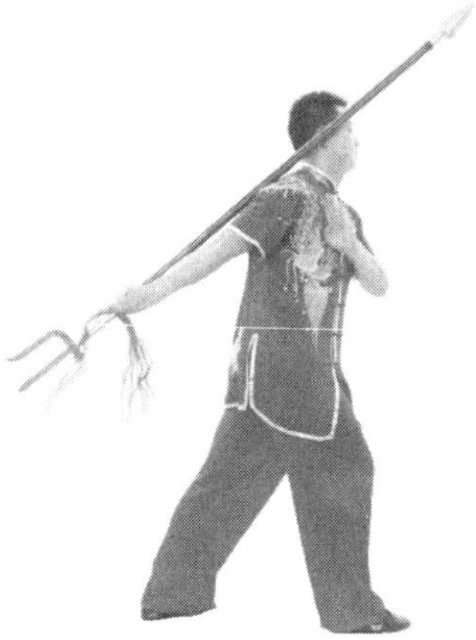　　　　　图34

14. 十字披红

左手接握叉把，拉平后右推，使叉绕颈一周，落于左肩，叉尖向下，过胸前时右手接握叉身，叉尖向后（图35～37）。

图35

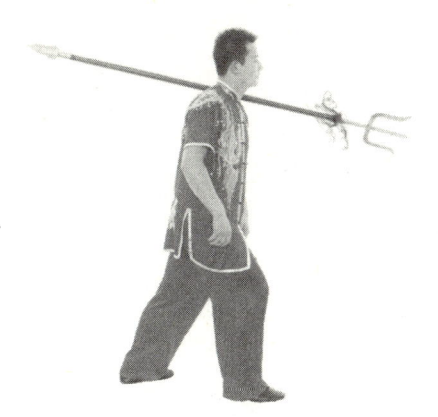

图 36　　　　　　　　　　　图 37

15. 跳步扎叉

左腿上步，双手持叉，向左后方抡叉一周。同时右腿提膝跳步，落地成右弓步，向斜上方扎叉，目视叉尖方向（图 38～41）。

图 38　　　　　　　　　　　图 39

图 40　　　　　　　　　　　图 41

16. 罗汉左翻身

左腿蹬地提膝，向左侧翻转，身体后仰，右腿支撑重心，同时双手持叉由右向左随身体翻转抱于胸前。然后左脚向前上步成左弓步，双手持叉经胸前向斜上方伸臂扎出，左手握于右肩窝处，目视叉尖方向（图42、图43）。

图42　　　　　　　　　　图43

17. 罗汉右翻身

右腿蹬地提膝，向右侧翻转，身体后仰，左腿支撑重心。同时双手持叉由左向右随身体翻转抱于胸前。然后右脚向前上步成右弓步，双手持叉经胸前向斜上方伸臂扎出，右手握于左肩窝处，目视叉尖方向（图44、图45）。

图44　　　　　　　　　　图45

18. 凌空飞刺

右手持叉收于左腰处，叉锥向后刺，然后右腿提膝，左脚蹬地腾空跳起，双手持叉向斜上方扎出。同时左腿提膝上跃，右腿下落蹬直，双手持叉使叉锥向左后下方扎出，目视叉锥方向（图46～49）。

图 46　　　　　　　　　　　　图 47

图 48　　　　　　　　　　　　图 49

19. 哪吒探海

左腿落地成左弓步，双手持叉向左侧后方抡叉一周，然后右腿提膝上步成右弓步，同时双手向斜下扎出，目视叉尖方向（图 50～53）。

图 50　　　　　　　　　　　　图 51

图 52　　　　　　　　　　图 53

20. 上步撩叉

双手持叉向上挑拨，叉椎向前，叉尖向后，左脚上步，同时右腿提膝上步成右弓步，双手持叉向右后方抢叉，随之向前上方撩叉，高于头，目视叉尖方向（图 54～56）。

图 54

图 55　　　　　　　　　　图 56

21. 青龙甩尾

双手持叉经头顶向前下压叉，右腿蹬地成左弓步，然后左腿后撤成倒叉步，左手变掌上架于斜上方，右手持叉向右后方反手撩叉，目视叉尖方向（图 57、图 58）。

图 57

图 58

22. 云顶斩

双手持叉经头顶平云一周后，下落于胸前。同时右腿蹬地，身体左转成左弓步，左手收于腰间，右手握叉向前斩出，目视叉尖方向（图 59～61）。

图 59

图 60

图 61

23. 回身劈

双手持叉经过头顶，向右后方抢劈一周，然后右腿提膝上步成右弓步。左手握把于腰间，右手握叉经头顶向下劈出，目视叉尖方向（图 62、图 63）。

图 62　　　　　　　　　图 63

24. 提膝叉

左腿屈膝平蹲成右仆步，双手持叉收于胸前；重心右移，左腿提膝，同时双手持叉经胸前向右侧扎出，目视叉尖方向（图64、图65）。

图 64　　　　　　　　　图 65

25. 定山势

左脚下落成左弓步。同时双手持叉，经体前向左下方扎出，叉尖朝后。右手握叉，左掌立于右肩窝处，左手接握叉把，左腿蹬地转身成右弓步，右手变拳斜架于斜上方，目视前方（图66、图67）。

图 66

图 67

26. 收势还原

收左脚成站立势,右手抱拳收于腰间,左手持叉收于身体左侧。换右手握叉立于身体右侧,左手自然下垂,目视前方(图 68、图 69)。

图 68　　　　图 69

第十章　六合拳

动作名称详解

1. 预备式

甲乙：两人间距三米，相反方向而立（图1）。

甲　　　图1　　　乙

2. 起势

甲乙：左脚向左开步，与肩同宽，双手抱拳与腰间，目视对方（图2）。

图2

3. 双推掌

甲乙：双手向前推掌，目视前方。掌心向前，拇指扣紧（图3）。

图3

4. 凤凰单展翅

甲乙：双掌变拳收回腰间，左转虚步推掌，左掌在前，右掌立于左手臂肘窝处，面向对方（图4）。

图4

5. 跳步三扳手

甲：上左步，向前跳步，双手在胸前由上向下顺时针方向划立圆，落地成左弓步。同时左右交替扳手，依次击打对方面部（图5～7）。

图5

乙：上左步，向前跳步，双手在胸前由上向下顺时针方向划立圆，落地成左弓步。同时左右交替扳手，格挡对方进攻（图5～7）。

图6　　　　　　　　　图7

6. 左右格手迎面拳

甲：左手翻手扣住对方手腕向下拧压，上右步变成马步。同时右拳攻击对方脸部，上左步变成马步，同时用右手反抓对方右手腕，用左拳再次攻击对方脸部（图8～11）。

乙：右手抓住对方右拳腕拧拉至腹部，之后撤左步成马步，左手抓住对方右拳拧压至腹部（图8～11）。

图8　　　　　　　　　图9

图10　　　　　　　　图11

7. 马步贯拳

甲：两脚蹬地，跳起同时转身180°，落地成马步。同时右贯拳击打对

方面部，再次转身起跳，马步落地，左贯拳击打对方面部（图12、图13）。

乙：两脚蹬地跳起同时转身180°，落地成马步，同时右贯拳格挡对方右贯拳，再次转身起跳，落地成马步，左贯拳格挡对方左摆拳（图12、图13）。

图12　　　　　　　　　　图13

8．上格下挂

甲：左拳架起格挡对方冲拳，然后向下格挡对方下冲拳（图14、图15）。

乙：右拳先向上冲拳击打对方面部，再向下冲拳击打对方腰部（图14、图15）。

图14　　　　　　　　　　图15

9．弹腿托举

甲：左拳收于腰间，提右膝弹腿攻击对方，落地成右弓步，右手架住对方砸拳的肘部（图16、图17）。

乙：双手变掌重叠，拍压对方弹腿，上左步变成左弓步，同时用左拳砸向对方头部（图16、图17）。

图 16

图 17

10. 黑虎掏心

甲：上左步成弓步，左推掌攻击对方胸部（图18、图19）。

乙：用右手扣住对方击左掌接着上体前倾，折压对方左掌，左手在胸前由上向右向下抡一圈，将对方左掌格开（图18、图19）。

图 18

图 19

11. 下藏顶肩

甲：左脚上步，右脚跟步，两手收回腰间，用左肩顶向对方肋部（图20）。

乙：在对方攻击己方肋部时，顺势用左肘下砸对方肩部（图20）。

图 20

12. 顺手牵羊

甲：向后跳一小步，左手扳手，攻击对方面部，接着抓住对方砸拳的右手腕，拉对方手臂拧拉，同时两脚跳起左转 90°，落地成马步，两人相对（图 21～23）。

乙：用胸部将对方顶出然后插左掌格挡对方的攻击，右拳进攻对方头部，被对方格挡之后，顺着对方力量，跳起跳起左转 90°，落地成马步，两人相对（图 21～23）。

图 21　　　　　　　　　　　图 22

正面　　　　　　　　　　　侧面

图 23

13. 压手折腕

甲：右手扣住对方已推过来的左拳，同时反关节下压（图 24、图 25）。

乙：左掌攻击对方胸部（图 24、图 25）。

图 24（侧面）　　　　　　　图 25（侧面）

14. 指上打下

甲：马步相对，左扳手进攻对方面部，转右弓步，向下插掌进攻对方裆部（图26、图27）。

乙：左掌被对方右手扣腕下压时顺势向上划圆挑开，之后插左掌格挡对方扳手，转右弓步，向下插掌格挡对方插掌（图26、图27）。

（正面） （侧面）

图 26

图 27

15. 凤凰单展翅

甲乙：右脚蹬地跳起，转身180°落地成左虚步，同时两手经胸前交叉举至头顶，接着从身体两侧下落向前挑掌，目视对方（图28、图29）。

图 28

图 29

16. 跳步三扳手

甲：上左步，向前跳步，双手在胸前由上向下顺时针方向划立圆，落地成左弓步。同时左右交替扳手，依次击打对方面部（图 30～32）。

乙：上左步，向前跳步，双手在胸前由上向下顺时针方向划立圆，落地成左弓步，同时左右交替扳手，格挡对方进攻（图 30～32）。

图 30

图 31　　　　　　　　　　图 32

17. 左右迎面拳

甲：左手翻手扣住对方手腕，上右步变成马步。同时右拳攻击对方脸部，上左步变成马步。同时右手反腕拧抓对方手腕，左拳再次攻击对方脸部（图

33～35）。

乙：抓住对方攻来的拳并引至腹部，之后撤左步成弓步，再次抓住对方攻来的拳引至腹部（图33～35）。

图33

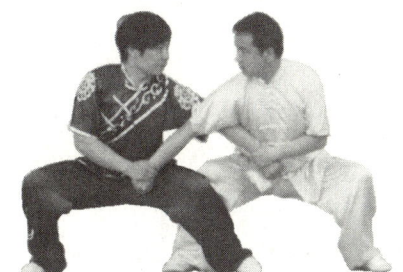

图34

图35

18. 马步贯拳

甲：跳起同时转身180°，以马步落地。同时右**贯**拳击打对方面部，再次转身起跳180°，马步落地，左**贯**拳击打对方面部（图36、图37）。

乙：跳起同时转身180°，以马步落地。同时右**贯**拳格挡对方右贯拳，再次转身起跳，马步落地，左**贯**拳格挡对方左贯拳（图36、图37）。

图36

图37

19. 上格下挂

甲：架起左拳格挡对方冲拳，然后向下格挡对方再次冲拳（图38、图39）。

乙：先向上冲右拳击打对方头部，再向下冲拳击打对方腰部（图38、图39）。

图38　　　　　　　　　　　　　图39

20. 连踢托举

甲：起身抱拳，两人相对。提右膝弹腿攻击对方，落地之后提左膝弹腿攻击对方，落地腾空飞脚攻击对方，落地成弓步，同时架住对方砸拳的肘部（图40～43）。

乙：起身双手变掌重叠交叉，下压对方弹腿同时撤步，再次下压，第三次腾空劈叉，下压对方弹腿，落地成弓步，左拳下砸，攻向对方头部（图40～43）。

图40　　　　　　　　　　　　　图41

图 42

图 43

21. 黑虎掏心

甲：上左步变成弓步，左掌攻击对方胸部（图 44、图 45）。

乙：用右手扣住对方击向胸前的左掌，左手在胸前抡一圈，将对方左掌挑开（图 44、图 45）。

图 44

图 45

22. 下藏顶肩

甲：左脚上步，右脚跟步，两手收回腰间，用左肩顶向对方肋部（图 46）。

乙：在对方攻击己方肋部时，顺势用左肘下砸对方肩部（图 46）。

图 46

23. 顺手牵羊

甲：向后跳一小步，左手扳手，攻击对方面部，接着抓住对方砸拳的右手腕，拉对方手臂拧拉，同时两脚跳起左转90°，落地成马步，两人相对（图47～49）。

乙：用胸部将对方顶出然后插左掌格挡对方的攻击，右拳进攻对方头部，被对方格挡之后，顺着对方力量，跳起跳起左转90°，落地成马步，两人相对（图47～49）。

图47　　　　　　　　　　　图48

正面　　　　　　　　　　　侧面

图49

24. 压手折腕

甲：右手扣住对方已推过来的左拳，同时反关节下压（图50、图51）。

乙：左掌攻击对方胸部（图50、图51）。

图50

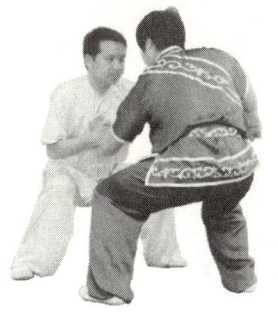 

正面　　　　　　　图 51　　　　　　　侧面

25. 指上打下

甲：左臂由下往上划圆，挑开对方推掌。马步相对，插左掌攻向对方脸部，转右弓步，向下插掌（图52、图53）。

乙：马步相对，左掌被挑开之后，插左掌格挡，转右弓步，向下插掌格挡对方的攻击（图52、图53）。

图 52　　　　　　　　　　图 53

26. 凤凰展翅

甲乙：左脚蹬地跳起，转身180°落地成右虚步，同时两手经胸前交叉举至头顶，接着从身体两侧下落向前挑掌，目视前方（图54、图55）。

图 54

图 55

27. 跳步三扳手

甲：上左步，向前跳步，双手在胸前由上顺时针方向划圆，落地成左弓步。同时左右交臂，扳手依次击打对方面部（图 56～58）。

乙：上左步，向前跳步，双手在胸前由上顺时针方向划立圆，落地成左弓步。同时左右交替扳手，格挡对方进攻（图 56～58）。

图 56

图 57　　　　　　　　　图 58

28. 进步三贯拳

甲：上右步变成马步，右贯拳攻向对方面部，上左步变成弓步，左贯拳攻向对方面部，在上右步变成马步，右贯拳攻向对方脸部（图 59～61）。

乙：上右步变成马步，右贯拳格挡对方攻击，上左步变成马步，左贯拳格挡对方攻击，再上右步变成弓步，右贯拳格挡对方攻击（图 59～61）。

图 59

图 60

图 61

29. 罗汉较劲

甲：抓住对方肩部，顺着对方力量转为右弓步。（图 62～64）。

乙：抓住对方肩部，顺着对方力量转为右弓步。（图 62～64）。

图 62

图 63

图 64

30. 别腰推掌

甲：被对方拉回之后，上左步变成马步，右手扣肩，左手从腋下穿过，别住对方腰部，推出右掌击向对方右肋，将其击退（图 65～67）。

乙：发力拉回对方，转为左弓步，被对方击中之后，迅速后跳逃脱，上左步（图 65～67）。

图 65

图66　　　　　　　　　　　图67

31. 上下格挡

甲：架起左拳格挡对方冲拳，向下格挡对方再次冲拳（图68、图69）。

乙：先向上冲右拳击打对方头部，再向下冲拳击打对方腰部（图68、图69）。

图68　　　　　　　　　　　图69

32. 弹踢托举

甲：双手握拳抱于腰间，提右膝弹腿攻击对方，落地成弓步，右拳变掌向上架住对方砸拳的肘部（图70、图71）。

乙：双手变掌重叠交叉，下压对方弹腿，上左步变成弓步，用左臂砸向对方（图70、图71）。

图70　　　　　　　　　　　图71

33. 黑虎掏心

甲：上左步变成弓步，左掌攻击对方胸部（图 72、图 73）。

乙：用右手扣住对方击向胸前的左掌，左手在胸前由上向下抡一圈，将对方左掌格开（图 72、图 73）。

图 72　　　　　　　　　　　　　　图 73

34. 下藏顶肩

甲：左脚上一小步，右拳抱腰间，用左肩顶向对方肋部（图 74）。

乙：在对方攻击己方肋部时，顺势用左肘下砸对方肩部（图 74）。

图 74

35. 顺手牵羊

甲：向后跳一小步，左手扳手，攻击对方面部，接着抓住对方砸拳的右手腕，拉对方手臂拧拉，同时两脚跳起左转 90°，落地成马步，两人相对（图 75～77）。

乙：用胸部将对方顶出然后插左掌格挡对方的攻击，右拳进攻对方头部，被对方格挡之后，顺着对方力量，跳起跳起左转 90°，落地成马步，两人相对（图 75～77）。

图 75　　　　　　　　　图 76

正面　　　　　　　　　侧面
图 77

36. 压手折腕

甲：右手扣住对方已推过来的左拳，左臂划圆，挑开对方肘部（图78、图79）。

乙：左掌攻击对方胸部（图78、图79）。

图 78　　　　　　　　　图 79

37. 指上打下

甲：马步相对，插左掌攻向对方脸部，转右弓步，向下插掌（图80、图81）。

乙：左掌被对方右手扣腕下压时，顺势挑开，之后插左掌格挡，转右弓步，向下插掌格挡对方的攻击（图80、图81）。

正面　　　　　　　　　　　　　侧面

图 80

图 81

38．凤凰单展翅

甲乙：右脚蹬地跳起，转身 180°落地，成左虚步，同时两手经胸前交叉举至头顶，接着从身体两侧下落向前挑掌，目视前方（图 82、图 83）。

图 82　　　　　　　　　　　图 83

39. 跳步三扳手

甲：上左步，向前跳步，双手在胸前由上顺时针方向划立圆，落地成左弓步，同时左右交替扳手，格挡对方进攻（图84～86）。

乙：上左步向前跳步，双手在胸前由上向下顺时针方向划立圆，落地成左弓步，同时左右交替扳手依次击打对方面部（图84～86）。

图84

图85

图86

40. 旱地拔葱

甲乙：抱拳屈膝至半蹲，腾空飞脚，左手抱拳于腰间，右手击打脚面（图87、图88）。

图87

图88

41. 童子观阵

甲乙：落地虚步相对，左拳放于左膝上，右拳架置头顶，同时发音"威"（图89）。

图89

42. 收势

甲乙：起身双拳抱于腰间，方向相反，相视而立，两手自然下垂，目视前方（图90、图91）。

图90

图91

第十一章　六合棍

六合棍各部位名称

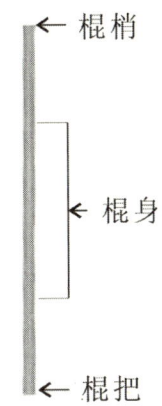

← 棍梢

← 棍身

← 棍把

动作名称详解

1. 预备式

甲乙：两人间距3米，侧身反方向站立，双方右手持棍，左臂自然下垂，目视前方（图1）。

乙　　　　　　　　　　　　　　　甲

图1

2. 起势

甲乙：甲乙双方向左开步，与肩同宽，左手抱拳于腰间，同时向左摆头，目视对方（图2）。

图 2

3. 对峙

甲乙：甲乙双方同时上左步，成左弓步，右手握棍把，左手握棍身，棍指对方，目视对方（图3）。

图 3

4. 里枪外枪

甲：提膝向前三剪步落地成左弓步，同时右手握棍把，左手握棍身，右手用力向对方面部左、右刺击（图4、图5）。

乙：提膝向前三剪步成左弓步，同时右手握棍把，左手握棍身向上抬起拧腕，左右格挡对方进攻（图4、图5）。

图 4

图 5

5. 低枪高枪

（1）甲：左腿向后退半步成右高弓步，同时顺势持棍向对方右膝盖刺击（图6）。

乙：右腿向前上步成马步，滑把左手握棍捎收于腰间，右手握棍身顺势从腰间向前格挡对方进攻（图6）。

图 6

（2）甲：右腿向后退半步成马步，同时右手握棍把，左手握棍身向上抬起，右手用力向前刺向对方面部（图7）。

乙：步子不变，右手持棍身拧腕向上抬起，向右格挡对方进攻（图7）。

图 7

173

（3）甲：左腿向后退半步成右弓步，同时顺势持棍向对方左膝盖刺击（图8）。

乙：上左腿成马步，滑把左手握棍把收于腰间，右手握棍身顺势从腰间向前格挡对方进攻（图8）。

图8

（4）甲：右腿向后退半步成马步，同时右手握棍把，左手握棍身向上抬起，右手用力向前刺向对方面部（图9）。

乙：步子不变，右手持棍身拧腕向上抬起，左右格挡对方进攻（图9）。

图9

（5）甲：步子左转成左弓步，同时顺势持棍向对方小腿刺击（图10）。

乙：上右腿成马步，右手持棍身拧腕格挡对方进攻（图10）。

图10

6. 翻身劈棍

甲：左腿提起，右腿蹬地向上跳转360°，落地两腿屈膝下蹲成马步，同时两手握棍随身体旋转一周，经头顶下劈对方头部（图11、图12）。

乙：马步不动，左手握棍梢，右手握棍身，由下向上划弧，经右肩向下盖把拦截（图11、图12）。

图11

图12

7. 盖把

甲：左手收棍，握棍梢，右手收棍，握棍身。右腿上步成右弓步，棍由上向下盖把击打对方头部（图13）。

乙：马步不动，左手握棍梢，右手握棍身。棍把由下向上经右肩向后挂棍格挡（图13）。

图13

8. 里枪外枪

甲：右脚向后、左脚向前换步成左弓步，同时右手握棍把，左手握棍身向上抬起，右手用力向前刺向对方面部（图14、图15）。

乙：右脚向后、左脚向前换步成左弓步，同时右手握棍把，左手握棍身向上抬起拧腕，左右格挡对方进攻（图14、图15）。

图14

图15

9. 低枪

甲：身体向右转，左手下压，棍随身贴胯，向下格挡对方进攻（图16）。

乙：步子不变，右手握棍把，左手握棍身用力向对方小腿肚刺击（图16）。

图16

10. 里枪外枪

甲：左腿向前跳步，右脚蹬地身体空中转360°，双脚落地成左弓步，左手抬起刺向对方面部（图17、图18）。

乙：右腿向前跨步，左脚蹬地向前跳出，落地成左弓步，同时左手抬起，右手握棍把左右格挡对方进攻（图17、图18）。

图 17

图 18

11. 脚面枪

甲乙：双方右手握棍把，向上抬起，棍梢朝下，向对方左脚面扎出。同时甲乙双方左右脚跳换，成右弓步，目视对方（图19）。

图 19

12. 对峙

（1）甲乙：双方提右腿向后撤步跳起，右脚落地屈膝下蹲，左腿向前伸出成左仆步。右手回拉，左手握棍，棍梢由下向后贴身划弧，经头顶向下劈棍，目视对方（图20）。

图20

（2）甲乙：双方身体重心向前移，成左弓步，右手握棍把于腰间，左手握棍身，手与肩平，成弓步崩棍，目视对方（图21）。

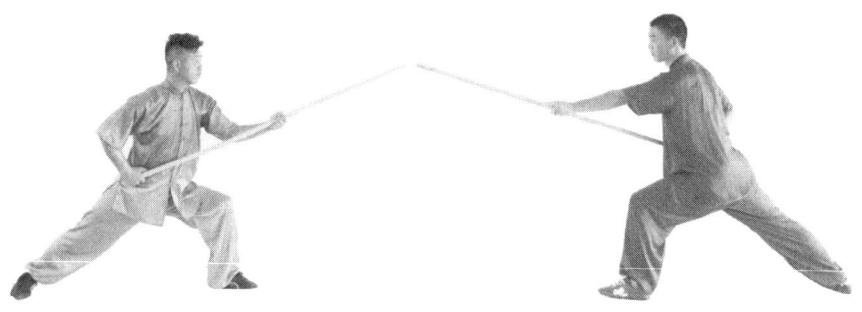

图21

13. 里枪外枪

甲：提右膝向前跳跃成左弓步，同时右手握棍把，左手握棍身向上抬起，右手用力向对方面部左、右刺击（图22、图23）。

乙：提右膝向前跳跃成左弓步，同时右手握棍把，左手握棍身向上抬起拧腕，左右格挡对方进攻（图22、图23）。

图22

图 23

14. 低枪高枪

（1）甲：左腿向后退半步成右高弓步，同时顺势持棍向对方右膝盖刺击（图24）。

乙：右腿向前上步成马步，滑把左手握棍梢收于腰间，右手握棍身顺势从腰间向前格挡对方进攻（图24）。

图 24

（2）甲：右腿向后退半步成马步，同时右手握棍把，左手握棍身向上抬起，右手用力向前刺向对方面部（图25）。

乙：步子不变，右手持棍身拧腕向上抬起，向右格挡对方进攻（图25）。

图 25

（3）甲：左腿向后退半步成右高弓步，同时顺势持棍向对方右膝盖刺击（图26）。

乙：右腿向前上步成马步，滑把左手握棍捎收于腰间，右手握棍身顺势从腰间向前格挡对方进攻（图26）。

图26

（4）甲：右腿向后退半步成马步，同时右手握棍把，左手握棍身向上抬起，右手用力向前刺向对方面部（图27）。

乙：步子不变，右手持棍身拧腕向上抬起，向左格挡对方进攻（图27）。

图27

（5）甲：步子左转成左弓步，同时顺势持棍向对方小腿刺击（图28）。

乙：上右腿成马步，右手持棍身拧腕格挡对方进攻（图28）。

图28

15. 翻身劈棍

甲：左腿提起，右腿蹬地向上跳转360°，落地两腿屈膝下蹲成马步，同时两手握棍随身体旋转一周，经头顶下劈对方头部（图29、图30）。

乙：马步不动，左手握棍梢，右手握棍身，由下向上划弧，经右肩向下盖把拦截（图29、图30）。

图 29

图 30

16. 盖把

甲：左手收棍，握棍梢，右手收棍，握棍身。右腿上步成右弓步，棍由上向下盖把击打对方头部（图31）。

乙：马步不动，左手握棍梢，右手握棍身。棍把由下向上经右肩向后挂棍格挡（图31）。

图 31

17. 里枪外枪

甲：右脚向后、左脚向前换步成左弓步，同时右手握棍把，左手握棍身向上抬起，右手用力向对方面部左、右刺击（图32、图33）。

乙：右脚向后、左脚向前换步成左弓步，同时右手握棍把，左手握棍身向上抬起拧腕，左右格挡对方进攻（图32、图33）。

图32

图33

18. 低枪

甲：身体向右转，左手下压，棍随身贴胯，向下格挡对方进攻（图34）。

乙：步子不变，右手握棍把，左手握棍身用力向对方小腿肚刺击（图34）。

图34

19. 里枪外枪

甲：左腿向前跳步，右脚蹬地身体空中转360°，双脚落地成左弓步，左手抬起刺向对方面部（图35、图36）。

乙：右腿向前跨步，左脚蹬地向前跳出，落地成左弓步，同时左手抬起，右手握棍把左右格挡对方进攻（图35、图36）。

图 35

图 36

20. 对磕

（1）甲乙：双方同时撤左步，跳换步成马步，双手握棍在头顶换把，左手握棍把，右手握棍身，棍下落时在膝前击打对方；接上动作不停，双方右手握棍向上在面前击打对方（图37、图38）。

图 37

图 38

（2）甲乙：双方同时撤右步，跳换步成马步，双手握棍在头顶换把，右手握棍把，左手握棍身，棍下落时在膝前击打对方；接上动作不停，双方左手握棍向上在面前击打对方（图39、图40）。

图 39

图 40

21. 对峙

甲乙：双方身体重心向前移，成左弓步，右手握棍把于腰间，左手握棍身，手与肩平，成弓步崩棍，目视对方（图41）。

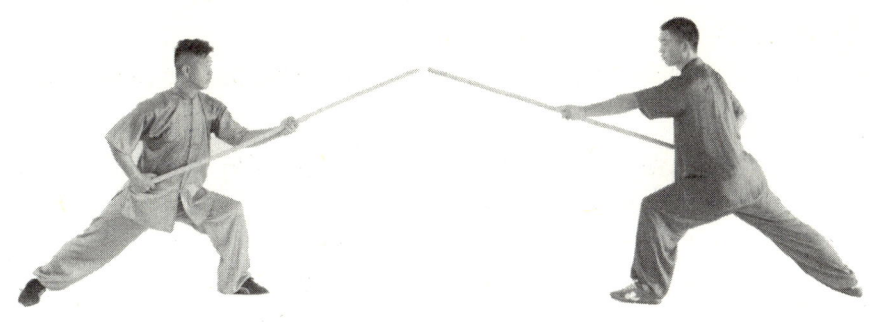

图 41

22. 里枪外枪

甲：提右膝向前跳跃成左弓步，同时右手握棍把，左手握棍身向上抬起，右手用力向对方面部左、右刺击（图 42、图 43）。

乙：提右膝向前跳跃成左弓步，同时右手握棍把，左手握棍身向上抬起拧腕，左右格挡对方进攻（图 42、图 43）。

图 42

图 43

23．低枪高枪

（1）甲：左腿向后退半步成右高弓步，同时顺势持棍向对方右膝盖刺击（图44）。

乙：右腿向前上步成马步，滑把左手握棍捎收于腰间，右手握棍身顺势从腰间向前格挡对方进攻（图44）。

图 44

（2）甲：右腿向后退半步成马步，同时右手握棍把，左手握棍身向上抬起，右手用力向前刺向对方面部（图45）。

乙：步子不变，右手持棍身拧腕向上抬起，向右格挡对方进攻（图45）。

图 45

（3）甲：左腿向后退半步成右弓步，同时顺势持棍向对方左膝盖刺击（图46）。

乙：上左腿成马步，滑把左手握棍把收于腰间，右手握棍身顺势从腰间向前格挡对方进攻（图46）。

图 46

（4）甲：右腿向后退半步成马步，同时右手握棍把，左手握棍身向上抬起，右手用力向前刺向对方面部（图47）。

乙：步子不变，右手持棍身拧腕向上抬起，向左格挡对方进攻（图47）。

图47

（5）甲：步子左转成左弓步，同时顺势持棍向对方小腿刺击（图48）。

乙：上右腿成马步，右手持棍身拧腕格挡对方进攻（图48）。

图48

24．翻身劈棍

甲：左腿提起，右腿蹬地向上跳转360°，落地两腿屈膝下蹲成马步，同时两手握棍随身体旋转一周，经头顶下劈对方头部（图49、图50）。

乙：马步不动，左手握棍梢，右手握棍身，由下向上划弧，经右肩向下盖把（图49、图50）。

图49

图 50

25. 盖把

甲：左手收棍，握棍梢，右手收棍，握棍身。右腿上步成右弓步，棍由上向下盖把（图51）。

乙：马步不动，左手握棍梢，右手握棍身。棍把由下向上经右肩向后挂棍（图51）。

26. 里枪外枪

甲：右脚向后、左脚向前换步成左弓步，同时右手握棍把，左手握棍身向上抬起，右手用力向对方面部左、右刺击（图52、图53）。

乙：右脚向后、左脚向前换步成左弓步，同时右手握棍把，左手握棍身向上抬起拧腕，左右格挡对方进攻（图52、图53）。

图 51

图 52

图 53

27. 低枪

甲：身体向右转，左手下压，棍随身贴胯，向下格挡对方进攻（图54）。

乙：步子不变，右手握棍把，左手握棍身用力向对方小腿肚刺击（图54）。

图 54

28. 里枪外枪

甲：左腿向前跳步，右脚蹬地身体空中转360°，双脚落地成左弓步，左手抬起向对方面部左、右刺击（图55、图56）。

乙：右腿向前跨步，左脚蹬地向前跳出，落地成左弓步，同时左手抬起，右手握棍把左右格挡对方进攻（图55、图56）。

图 55

图 56

29. 左右扫把

（1）甲：双脚蹬地跳起，右手握棍放于腰间，左手握棍身放于身前，高于肩平（图57）。

乙：上右腿成右仆步，两手在头顶互换把，右手握棍身，左手握棍把，向对方下盘横扫（图57）。

图57

（2）甲：双脚落地成左弓步，左手抬起刺向对方面部（图58）。

乙：起身步子前移成右弓步，同时右手握棍把格挡对方进攻（图58）。

图58

（3）甲：双脚蹬地跳起，右手握棍放于腰间，左手握棍身放于身前，高于肩平（图59）。

乙：上左腿成左仆步，两手在头顶互换把，左手握棍身，右手握棍把，向对方下盘横扫（图59）。

图59

（4）甲：双脚落地成左弓步，左手抬起刺向对方面部（图60）。

乙：起身步子前移成左弓步，同时左手握棍把格挡对方进攻（图60）。

图 60

30. 绞枪盖把

甲：随对方绞棍，上步成右弓步，滑棍左手握棍梢，右手握棍把，盖打对方头部（图61）。

乙：左手按压对方的棍，随即绞缠对方的棍；接上势，后转身上左步成左弓步，双手握棍上举头顶，格挡对方进攻，背对对方（图61）。

31. 回身扫棍

甲：向后跳跃退步，左手撒棍向后推掌，右手握棍，向下扎棍格挡对方进攻（图62）。

图 61

乙：撤左步成右弓步，左手撒棍向斜上方推掌，右手握棍向右后下横扫对方（图62）。

图 62

32. 对峙

（1）甲乙：双方提右腿向后撤步跳起，右脚落地屈膝下蹲，左腿向前伸出成左仆步。右手回拉，左手握棍，棍梢由下向后贴身划弧，经头顶向下劈棍，目视对方（图63）。

图 63

（2）甲乙：双方身体重心向左移，成左弓步，右手握棍把于腰间，左手握棍身，手与肩平，成弓步崩棍，目视对方（图64）。

图 64

33. 里枪外枪

甲：提膝向前跳跃成左弓步，同时右手握棍把，左手握棍身向上抬起，右手用力向对方面部左、右刺击（图65）。

图 65

乙：提膝向前跳跃成左弓步，同时右手握棍把，左手握棍身向上抬起拧腕，左右格挡对方进攻（图66）。

图 66

34. 绞枪对峙

甲乙：甲乙双方随对方绞棍，身体重心后移，提左膝成金鸡独立势，右手握棍把于腰间，左手握棍身在身体左侧划圆放于胸前，崩棍，目视对方（图67）。

图 67

35. 收势

甲乙：双方同时向后划圆，左右上步，立正站立，右手抓棍身，左右抱拳，左右摆头对视，目视对方。甲乙双方同时右手抓棍，左手变掌自然下垂，目视前方（图68、图69）。

图 68

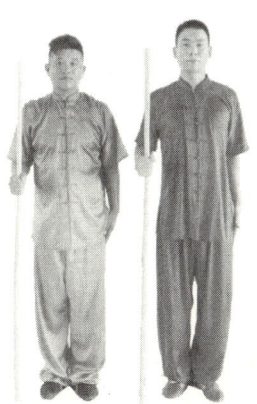

图 69